OBSERVATIONS

SUR L'OUVRAGE DE M. FIÉVÉE,

INTITULÉ :

HISTOIRE DE LA SESSION DE 1815.

OBSERVATIONS

SUR L'OUVRAGE DE M. FIÉVÉE,

INTITULÉ :

HISTOIRE DE LA SESSION DE 1815;

PAR M. H. T. LE FÈVRE.

———

A PARIS,

Chez L'HUILLIER, Libraire, rue Serpente, n° 16;
Et chez DELAUNAY, Libraire, au Palais-Royal,
Galeries de bois, n° 243.

M. DCCC. XVI.

AVERTISSEMENT.

M. Fiévée est un homme plein d'expérience : il a suivi de très-près la révolution. Pour étudier plus à son aise ce grand phénomène politique, on assure qu'il avoit formé une liaison intime avec l'un des personnages les plus élevés de cette montagne si célèbre par ses éruptions volcaniques (1). S'il faut en croire la chronique du temps, c'est auprès de Billaud-Varennes que M. Fiévée a perdu l'innocence de son esprit, qu'il s'est formé dans l'art difficile de tirer parti des circonstances et de survivre à tous les naufrages. Cet écrivain disparaît, et semble se perdre dans les tempêtes ;

---

(1) M. Fiévée est avantageusement connu dans la littérature de la révolution par une pièce de théâtre intitulée : *les Rigueurs du Cloître*, pièce brûlante de philosophie. Il est aussi resté de lui une épitaphe de Mirabeau où règne beaucoup d'enthousiasme ; mais ce n'est pas de l'enthousiasme poétique.

M. Fiévée est connu dans la littérature *impériale* par une brochure sur *le 18 Brumaire :* c'est un hymne touchant en l'honneur de la tyrannie militaire.

mais il revient toujours avec le calme ; et c'est au milieu des débris qu'il cherche assidûment une place dont sa destinée le repousse toujours. De là, ces mouvemens inquiets , cette agitation constante que rien ne saurait apaiser ; de là, ce besoin irrésistible de parler de lui-même , de se donner en spectacle , d'afficher ses prétentions. Constamment trompé dans ses espérances, il se montre trop irrité d'un malheur dont il ne devrait accuser que sa réputation.

Cette singulière réputation, commencée sous Billaud - Varennes, a grandi sous Buonaparte ; M. Fiévée, quoiqu'il en soit très-mécontent, ne peut s'en détacher : ils vivront et mourront ensemble. Tant qu'on le verra servir les passions qui soulèvent l'intrigue et la font marcher, on dira que ses opinions sont un jeu, que sa vanité même est un calcul, et qu'il est difficile de supposer à l'observateur salarié de l'usurpation, un amour bien sincère pour la cause de la légitimité. Tout cela n'empêche pas que M. Fiévée ne soit un homme plein d'expérience.

Mais enfin M. Fiévée a-t-il un talent réel ? Il l'assure d'une manière si positive, que c'est une raison suffisante pour en douter. L'examen de sa dernière production changera peut-être ce doute en certitude. On y trouvera en abondance des idées fausses, des intentions perfides, de la fatuité, beaucoup de fatuité, et peu de talent. Jamais cet écrivain ne parviendrait à se faire lire, s'il ne saisissait avec avidité les sujets qui excitent l'intérêt et font violence à l'attention. Comme ce n'est point à l'esprit, mais à la matière que ses ouvrages doivent une espèce de vie, ils périront avec elle. Ce sont des fusées destinées à s'éteindre : il faut seulement empêcher qu'elles ne causent quelque dommage lorsqu'elles brûlent encore.

M. Fiévée, qui sait mieux que personne à quoi s'en tenir sur son propre compte, a pris toutes les précautions nécessaires pour assurer à son ouvrage le succès peu flatteur qui tient aux circonstances. La curiosité publique, qui ne néglige aucun aliment, a été réveillée par des annonces de journaux. L'auteur connaît toutes les petites ressources du charlatanisme littéraire ; je le répète encore, M. Fiévée est un homme plein d'expérience.

Je me serais décidé à le laisser jouir en paix d'une équivoque célébrité, si, dès les premières pages de son livre, je n'avais aperçu l'intention mal déguisée de troubler le repos dont nous commençons à jouir sous l'autorité tutélaire des lois. J'ai été indigné, je l'avoue, des tentatives de M. Fiévée pour ressusciter l'esprit de division dont nous avons eu tant à gémir, et pour nous rejeter au milieu des écueils que nous avons eu tant de peine à éviter. J'ai regardé comme un devoir de signaler des opinions dangereuses ; et, dans cette entreprise, je n'ai consulté que le désir d'être utile :

« . . . . . Je sais pour toute ma science
» Du faux avec le vrai faire la différence ».

OBSERVATIONS

SUR

L'HISTOIRE DE LA SESSION DE 1815

PAR M. FIÉVÉE.

DÉDICACE.

M. Fiévée dédie son ouvrage *aux vrais Français*, « à ceux, dit-il, qui aiment la France dans l'intérêt de la France, la royauté dans l'intérêt de la France, et dans le même intérêt, la liberté et les institutions créées pour la défendre ; *à ceux enfin qui payent et ne sont pas payés* ». L'auteur leur conseille *de ne faire qu'un parti*, et de repousser les hommes qui n'ont plus d'autres ressources aujourd'hui pour sauver leur amour - propre et leurs émolumens, que de crier contre le gouvernement représentatif.

L'auteur en veut beaucoup à ce qu'il appelle *des émolumens*. Il en parle avec dépit comme un amant jaloux parle d'une maîtresse infidèle.

Tout le livre de M. Fiévée pourrait se réduire au petit nombre de lignes que je viens de citer. Ce livre n'a été composé que pour séparer la France en deux partis, et pour mettre aux prises « *ceux qui payent avec ceux qui sont payés* ». On voit que l'auteur est sorti bien instruit de son institution révolutionnaire, et que le disciple n'est pas indigne du maître. Nous savons que les novateurs qui couvrirent la France d'épouvante et de deuil, commencèrent leur odieuse entreprise par exciter « *ceux qui payent* contre *ceux qui ne payent pas, ou qui sont payés* ». Que faisaient les libellistes de cette époque? ils désignaient à la haine publique les hommes investis du pouvoir ; ils déclamaient avec amertume contre *les vivans d'abus* : c'était leur expression ; n'osant encore attaquer le Roi, ils attaquaient ses plus dévoués serviteurs ; ils criaient au despotisme sous le gouvernement le plus doux, on pourrait ajouter le plus faible, qui ait peut-être jamais existé. C'est en caressant les passions, c'est en soulevant les intérêts individuels contre l'intérêt général, qu'ils armèrent le peuple, et qu'ils conduisirent à l'échafaud le meilleur et le plus infortuné des Rois. Tout cela se préparait « *dans l'intérêt de la France, dans l'intérêt de la liberté et des institutions créées pour la défendre* ».

Voilà comment des hommes qui n'ont en vue que leur intérêt personnel se jouent des choses les plus sacrées. Tout moyen leur est bon, pourvu qu'ils atteignent une place et *des émolumens*. Il ne faut pas s'y tromper, M. Fiévée aurait peu de répugnance à accepter un emploi ; de fâcheuses révélations ont trahi le secret de ses douleurs et de son emportement. Si l'effet de ses démarches, de ses négociations eût répondu à ses espérances, il ne serait pas aujourd'hui au nombre des gens qui ne sont pas payés ; il n'aurait pas confié son dépit aux presses de Lenormant, et tout eût été pour le mieux. Mais M. Fiévée est sans place et *sans émolumens*, donc l'État est en danger, la liberté est perdue. Remarquez que c'est toujours au nom de la liberté que les factieux parlent et qu'ils agissent ; c'est en invoquant les principes, qu'ils répandent leurs doctrines anarchiques. Les premiers novateurs avaient du moins une excuse ; ils ne connaissaient pas encore les calamités des révolutions.

Heureusement le danger est moins grand aujourd'hui qu'il ne l'était alors. L'expérience manquait à cette époque; la nation, livrée à de séduisantes chimères, à des espérances illusoires, marchait en aveugle vers l'abîme de l'anarchie; une sorte de délire enflammait les imaginations, et de trompeuses perspectives s'offraient dans un avenir déjà chargé d'orages. Aujourd'hui nous sommes délivrés des périls d'une imprévoyante sécurité. Après tant de crimes, tant d'infortunes; après avoir éprouvé tout ce que les factions ont de plus terrible, tout ce que le despotisme a de plus révoltant, nous savons combien il est doux de se reposer à l'abri des lois; nous n'ignorons pas que le bonheur de nos familles, que la prospérité, peut-être même l'existence de l'État, dépendent de la stabilité du gouvernement. Et c'est à un peuple éclairé par ses fautes et par ses malheurs, qu'on vient parler de se former *en parti* contre les hommes chargés des soins de l'administration, et ce sont les passions les plus viles, l'envie, la cupidité, qu'on choisit pour auxiliaires! M. Fiévée compte un peu trop sur notre candeur. Il s'est trompé de vingt-sept ans.

Pressons un peu les conséquences du projet de cet écrivain. Supposons que « *ceux qui payent* » prennent la place *de ceux qui sont payés* » ; ce changement n'empêchera pas qu'il n'y ait toujours en France des hommes *qui payent* et des hommes *qui sont payés*. Seulement les individus ne seront plus les mêmes. Faudra-t-il encore que les nouveaux *payans* se réunissent *en parti* contre *les nouveaux payés?* Comment pourroit-on se flatter, avec un pareil système, d'établir la confiance, de tranquilliser les esprits, de calmer les ambitions, de rallier au trône toutes les classes de citoyens ? Et quel moment prend-on pour ranimer ainsi les jalousies, et soulever une partie de la société contre l'autre ! C'est le moment, où nous avons besoin, plus que jamais, d'union et de repos, où de grands sacrifices nous sont imposés par l'inflexible nécessité ; où, de la confiance mutuelle entre le gouvernement et le peuple dépendent le crédit public et le salut de l'État. M. Fiévée ne peut opposer qu'une seule excuse à la juste sévérité de mes reproches ; c'est qu'il n'a pas senti toute l'imprudence de sa proposition. Il est placé dans la malheureuse alter--

native de ne pouvoir justifier ses intentions qu'aux dépens de son esprit.

Ah! loin de chercher encore à rallumer le feu dévorant des partis ; loin d'affaiblir la France en divisant les Français , et de remettre ainsi les destinées de l'État aux chances des révolutions, confions-nous au Monarque législateur qui, deux fois désarmant la vengeance de l'Europe, nous a rendu deux fois la paix et une patrie. Élevé au-dessus du tourbillon où s'agitent les intérêts personnels et les ambitions trompées, inaccessible à toute autre considération que celle du bien public, il veille sur nous comme un tendre père veille sur ses enfans. C'est de lui seul que nous tenons la liberté, non cette liberté orageuse qui dégénère en licence et se dévore elle-même, mais cette liberté réglée par des lois que nul pouvoir ne pourrait violer. Nous avons reçu de ses augustes mains cette Charte, désormais impérissable, où nos devoirs sont tracés, où nos droits sont garantis, où se trouve tout ce qui peut donner de la dignité à un peuple sensible et généreux. Malgré les maux inévitables dont les atteintes se font encore sentir, nous avons,

sous un tel Prince de justes motifs d'espérance
et de consolation. Tout ce que nous ferons
pour le soutien de son trône, nous le ferons
pour nous, pour nos enfans, pour la liberté,
pour la patrie. Tout sacrifice aura un but utile
et sacré. Écartons loin de nous les défiances,
les soupçons, et cet esprit de haine qui per-
pétue les révolutions. La volonté du Monarque,
l'intérêt commun nous en font un devoir; et
quel devoir fut jamais plus doux pour les enfans d'une même famille! N'oublions jamais
que l'union et l'obéissance aux lois ont toujours
fait la force et le bonheur des peuples.

~~~~~~

CHAPITRE PREMIER.

De la Nécessité, en politique, d'examiner les choses sans s'arrêter aux mots. — Du Pouvoir démocratique. — Du Pouvoir aristocratique. — De la Royauté.

Il ne faut pas croire que l'ouvrage de M. Fiévée réponde parfaitement à son titre. Une grande partie de son livre est consacrée au développement des opinions particulières de l'auteur sur des questions générales, qui ont été traitées mille fois d'une manière satisfaisante. J'aurais pu me dispenser d'analyser ces raisonnemens, qui offrent peu d'intérêt par eux-mêmes, et dont le style ne rachète pas l'ennui. Si j'ai pris le parti contraire, c'est pour ne laisser sans réfutation aucune idée fausse, et pour indiquer les véritables intentions de l'auteur.

Il existe, disent les naturalistes, un poisson de mer, qui, dans un péril pressant, laisse échapper une liqueur noire, qui forme autour de lui un nuage épais, dans lequel il se dérobe
~~~~~~

à la vue, et se croit en sûreté. M. Fiévée en agit ainsi. Toutes les fois qu'il craint que l'expression de sa pensée ne révèle le secret de ses intentions, il se jette dans les brouillards d'une métaphysique qui semble défier la lumiere. Par exemple, dans son chapitre *sur la Nécessité d'examiner les choses sans s'arrêter aux mots*, il n'aborde jamais franchement son sujet, et se réfugie dans ces abstractions, dont il est si aisé d'abuser, et qui ne s'appliquent jamais qu'imparfaitement aux réalités.

Il commence par établir que les anciens ont reconnu trois situations ou états politiques dans la société : la royauté, l'aristocratie et la démocratie. D'après cela, l'auteur admet la démocratie et l'aristocratie comme pouvoirs actifs dans tout État complètement civilisé. Nous les admettons aussi, mais non dans le même sens : « *Ce dont on* jouit, dit-il, par des lois particulières à quelques-uns, forme le pouvoir aristocratique, et ne peut être défendu que par lui ; *ce dont on* jouit par les lois communes à tous est défendu par le pouvoir démocratique. Cette idée de défense, que nous présentons sans cesse comme nécessaire à la liberté, était reconnue par tous les écrivains politiques de l'antiquité ».

« Tout le monde comprend sans effort, ajoute l'auteur, en revenant sur ses idées, que, dans un état de civilisation complet, il y ait une royauté, *expression de la volonté de la société*; un pouvoir aristocratique qui soit constitué pour défendre, dans l'intérêt général, ses intérêts particuliers, s'il en a; et un pouvoir démocratique, chargé de défendre *les intérêts* dont personne *n'est légalement privé*; et plus spécialement, les priviléges des communes, dans le pays où il y a des communes ».

M. Fiévée se plaint de l'insuffisance du langage politique, et c'est pour le perfectionner qu'il examine les choses sans s'arrêter aux mots. Il devrait savoir qu'il y a une liaison intime entre les mots et les choses, et qu'il est difficile de se faire entendre aux autres, lorsqu'on ne s'entend pas soi-même. S'il eût examiné les mots aussi-bien que les choses, il n'aurait pas parlé *d'intérêts* dont personne *n'est légalement privé*. Cette phrase n'offre aucun sens. On peut être légalement privé, pour un temps, d'un droit dont l'exercice troublerait la société, ce qui arrive même en Angleterre; mais dans aucun pays on n'est *légalement* privé d'un intérêt légitime. Il y a contradiction dans les termes.

Lorsqu'on écrit d'un pareil style, et qu'on ne sait pas même exprimer clairement les pensées les plus communes, il faut avoir beaucoup de modestie ou beaucoup de vanité. M. Fiévée n'est pas modeste.

Il n'est pas temps encore de montrer les conséquences immédiates et les conséquences éloignées de ses doctrines politiques. Nous allons d'abord examiner les autorités sur lesquelles ces mêmes doctrines sont fondées.

Les écrivains de l'antiquité ont théoriquement reconnu trois États politiques dans la société; mais ils ont touché la question sans l'approfondir. Comme ils manquaient d'exemples et d'antécédens, ils n'ont jamais raisonné sérieusement que sur les trois formes primitives et distinctes d'organisation sociale : la royauté, l'aristocratie et la république.

« Le gouvernement d'un seul, fondé sur l'avantage de tous, se nomme *royauté;* celui de quelques-uns, quel qu'en soit le nombre, pourvu qu'il ne soit pas réduit à un seul, s'appelle *aristocratie*; c'est-à-dire, gouvernement des meilleurs, qui a pour but le plus grand avantage possible de tous les membres de la cité. Celui du grand nombre, lorsqu'il est combiné pour l'utilité de tous, prend le nom générique des gouvernemens, et s'appelle *république* ». (*Politiq. d'Arist.* Liv. III, Chap. V.)

J'ai dit que la balance des pouvoirs, dans la monarchie, avait été entrevue par les anciens: cette balance paraissait se trouver dans la constitution de Lacédémone. « Elle est, dit Aristote, monarchique par ses rois, oligarchique par son sénat, démocratique par ses éphores, qui sont toujours pris dans la classe du peuple ».

Toutefois, il ne faut qu'un léger degré d'attention, et quelque connaissance du gouvernement de Lacédémone, pour savoir que ce gouvernement n'avait rien de monarchique, du moins suivant l'idée que nous attachons à cette expression. Les rois n'étaient que les généraux de la république; ils n'allaient même jamais à la guerre sans qu'on ne leur donnât des adjoints pour surveiller leur conduite; le sénat admi-

nistrait sans responsabilité ; les éphores ju-
geaient souverainement les affaires les plus
importantes ; les rois eux-mêmes redoutaient
leur autorité. Quelle analogie peut-on décou-
vrir entre de telles institutions et les formes
actuelles de nos gouvernemens ?

Il y a plus ; la monarchie, telle qu'elle existe
de nos jours, est une sorte de gouvernement
que les anciens n'ont jamais connu. « L'embarras d'Aristote, dit Montesquieu, paraît
visiblement, quand il traite de la monarchie.
Il en établit cinq espèces ; il ne les distingue
pas par la forme de la constitution, mais par
des choses d'accident, comme les vertus ou les
vices du prince ; ou par des choses étrangères,
comme par l'usurpation de la tyrannie, ou la
succession à la tyrannie. Aristote met au rang
des monarchies, et l'empire des Perses, et le
royaume de Lacédémone ; mais qui ne voit
que l'un était un État despotique, et l'autre
une République. *Les anciens, qui ne connaissaient pas la distribution des trois pouvoirs dans
le gouvernement d'un seul, ne pouvaient se
faire une idée juste de la monarchie*». (*Esprit
des Lois*, liv. II, Chap. IX.)

2

Ce n'est donc point dans l'antiquité qu'il faut chercher le mélange, ou plutôt la balance des pouvoirs, telle que nous l'entendons, telle surtout qu'elle est établie par nos lois constitutionnelles. C'est ici qu'il faut examiner quels sont les vrais motifs qui ont décidé M. Fiévée, si long-temps l'apologiste du pouvoir arbitraire, à fouiller dans les cendres des anciennes républiques pour en exhumer des institutions, admirables sans doute, mais qui ne sont ni dans nos mœurs, ni dans nos intérêts. Quand certains écrivains parlent de liberté, il faut toujours entendre le despotisme. Cela ne doit pas surprendre M. Fiévée ; il a dit lui-même qu'aujourd'hui *les idées étaient personnifiées.* Revenons à ses doctrines.

Il veut une démocratie *réelle* ; c'est-à-dire, « des communes constituées de manière que le pouvoir démocratique soit spécialement chargé de défendre *leurs droits acquis* et les priviléges qui sont la condition réelle de leur existence ». — Nous voilà revenus aux corporations, aux priviléges exclusifs et aux assemblées provinciales.

Il demande une aristocratie *réelle* ; c'est-à-dire, « des *familles privilégiées* ayant la force et le pouvoir de défendre des intérêts et des prérogatives qui leur sont propres ; un grand État ne peut s'en passer ».—Nous voilà revenus aux classes privilégiées, à l'inadmission des autres classes aux emplois.

Enfin, M. Fiévée veut que la royauté soit, « l'expression de la volonté de la société. Dans les grands États, dit-il, il n'y a pas politiquement de volonté générale exprimée par la totalité des individus ; les intérêts seuls s'y font entendre par les corps politiques qui représentent pour chaque situation de la société, et la royauté exprime leur accord ».

Il y a beaucoup d'obscurité dans la manière dont ces idées sont exprimées. C'est ici que M. Fiévée paraît nébuleux comme un idéologue, qu'il devient nécessaire de le poursuivre dans les ténèbres, et de le forcer à se montrer au grand jour. Voyons d'abord de quelle manière il commente ce qu'il appelle ses principes.

« Aimons et plaignons notre Roi comme il nous aime, et comme il nous plaint. Mais restons bien convaincus que *tous les pouvoirs po-*

litiques ont aujourd'hui besoin d'être en exer-cice, et de marcher d'accord pour qu'il y ait une *expression sensible de la véritable volonté de la société*. Sans cette double condition, de nouveaux malheurs nous menacent, et ne peuvent manquer de nous atteindre ; soit que la royauté s'élève seule un moment contre tous les pouvoirs, soit qu'elle *succombe dans la lutte terrible* au milieu de laquelle la Providence lui a ordonné de venir se placer ».

Pour éclaircir ces opinions, il faut en réduire les termes aux formes du syllogisme. La royauté est l'expression sensible de la véritable volonté de la société ; cette volonté ne peut être aujourd'hui exprimée par le défaut d'exercice et d'accord des pouvoirs politiques ; donc la royauté est aujourd'hui sans action, et comme si elle n'existait pas. En d'autres termes, la chambre des pairs et la chambre des députés n'étant pas constitués en véritables pouvoirs aristocratique et démocratique, l'organisation sociale est vicieuse ; enfin le gouvernement représentatif, établi par la Charte, expression de la volonté du Monarque, et la Charte elle-même, ne sont que des illusions.

Certes, s'il était possible que tout ce qui est arrivé depuis vingt-six ans, ne fût qu'un de ces rêves pénibles dont tout l'effet se réduit à troubler une imagination égarée; si tout ce que nous avons vu et entendu, tout ce que nous avons souffert dans cette longue agonie n'était qu'une chimère; si nous retrouvions la France et les Français tels qu'ils étaient avant l'époque de nos troubles civils; si la lutte des intérêts divers, si la rage des partis n'avait pas anéanti les élémens de nos anciennes institutions, il n'y a point d'homme raisonnable qui ne frémît à la seule pensée d'un changement. C'est en vain que le mot toujours séduisant de liberté retentirait à ses oreilles; il se représenterait, sous le nom de liberté, cet affreux fantôme qui nous a chassés devant lui, à travers des flots de sang, et qui nous a fait passer des horreurs de l'anarchie aux excès d'un despotisme sans frein et sans mesure; et satisfait de vivre en paix sous un gouvernement consacré par tant de siècles d'existence, il repousserait avec effroi les innovations et les novateurs.

Mais nous ne sommes point dans une aussi favorable position. Un génie exterminateur a passé sur la France; une nouvelle génération s'est élevée avec de nouvelles mœurs et des intérêts nouveaux. Ces intérêts, ces mœurs ont exigé des institutions qui leur fussent appropriées. Ces institutions existent ; elles reposent sur cette Charte constitutionnelle qui reconnaît et règle l'exercice de tous les pouvoirs, qui garantit tous les droits et protège tous les intérêts.

Cette Charte a défini l'autorité royale. Le législateur ne s'est point égaré en de vaines et dangereuses abstractions. Il n'a point dit « que la royauté exprime la volonté de la société »; définition qui peut servir, comme les mots d'*égalité*, et de *souveraineté du peuple*, à nous forger des chaînes et à nous précipiter dans de nouveaux malheurs. Elle dit que la royauté est la source de tous les pouvoirs et de tous les honneurs, que le Roi est le chef suprême de l'État. Elle établit cette distinction, cette balance des pouvoirs qu'on peut nommer, si l'on veut, aristocratie et démocratie, mais qui ont l'avantage d'être bien définis et bien connus.

L'autorité royale, direz-vous, n'est donc pas absolue? Je répondrai par un exemple. Théopompe, roi de Lacédémone, modéra la prérogative royale en plusieurs points. En affaiblissant sa puissance, il en augmenta la durée; il ne diminua donc pas; mais il étendit réellement la royauté. Ce fut là le sens de la réponse qu'il fit à sa femme. — Ne rougissez-vous pas, lui dit-elle, de laisser à vos enfans la royauté moindre que vous ne l'avez reçue de votre père? — Non, répliqua-t-il, je la leur laisse plus durable.

On veut de la démocratie et de l'aristocratie; elles se trouvent établies par la Charte. La chambre des pairs, magistrature héréditaire, investie même de priviléges qui lui sont propres, mais qui ne blessent ni la liberté, ni l'égalité civile, concourt à la formation des lois. Cette grande fonction, cette noble prérogative, qui sert de frein au pouvoir démocratique, donnent à ceux qui les exercent plus d'importance et de véritable dignité que tous ces droits particuliers, et ces distinctions honorifiques, seuls vestiges qui restaient avant 1789 de l'antique féodalité. N'est-ce pas même pour arriver à ce but, pour prendre une part active aux affaires publiques, qu'une partie si considérable de la noblesse française a fait les premiers pas vers la révolution?

Sans doute il a existé en France une aristocratie telle que l'entend M. Fiévée, une aristocratie réelle; mais les temps en sont bien éloignés. Avant Saint Louis, l'aristocratie féodale,
quoique extrêmement odieuse aux rois et au
peuple, était un véritable pouvoir sur lequel
il n'y avait pas à disputer. — La nation entière,
dit un écrivain estimable, lui servait de pié-
destal; et de là vint cette race d'hommes co-
lossaux et oppresseurs qui rendait les rois si
petits, et les peuples si pauvres. Il y avait plus
de grandeur d'un côté, plus d'abaissement de
l'autre, plus d'éclat sur certaines têtes, une
obscurité plus égale sur tout le reste, plus de
bonheur en masse, et moins d'hommes heureux. Mais comme le bien et le mal sont toujours mêlés, c'est aussi de là que sortirent ces
chevaliers français, si fiers, si brillans, si généreux, dont l'histoire est déjà notre mytho-
logie.

N'était-ce pas en effet une ironie que d'appeler, en 1789, *aristocrates*, de pauvres gentilshommes qui mettaient leurs enfans à l'École
militaire ou à Saint-Cyr, qui vivaient des bien-
faits de la cour, et qui pouvaient mourir en

prison pour une dette de cent écus? Que devaient dire les magistrats de Berne et les nobles Vénitiens, en apprenant que l'ignorance française faisait du titre de leurs gouvernemens une injure et un crime ?

Il n'y avait donc point de pouvoir aristocratique proprement dit en France avant la révolution. Il en existe un aujourd'hui ; il existe en vertu des lois fondamentales de l'État. C'est dans le sens de la Charte que j'entends ces mots *pouvoir aristocratique*. On voit combien, en nous servant des mêmes termes, M. Fiévée et moi, nous sommes éloignés l'un de l'autre. Il y a entre nous toute la distance du régime féodal au régime constitutionnel.

Pour appuyer plus fortement l'opinion que je viens de développer, j'invoquerai un témoignage dont M. Fiévée sera forcé de respecter l'autorité : c'est celui de M. de Châteaubriant. On est heureux de pouvoir se servir des armes de ce preux chevalier.

« Qui pourrait donc s'opposer parmi nous, dit M. de Châteaubriant, à la généreuse alliance de la liberté et de l'honneur? Ces deux principes ne sont-ils pas ceux qui constituent

essentiellement la noblesse? Pourquoi un gen-
tilhomme n'obtiendrait-il pas dans l'ordre nouveau de la monarchie, toute la considération
dont il jouissait dans l'ordre ancien? La constitution, loin de lui rien ravir, lui rend cette
importance aristocratique qu'il avait perdue, et
dont les ministres du pouvoir, tantôt par ruse,
tantôt par force, avaient mis tout leur soin à
le dépouiller. Excepté dans les cas si rares de
l'assemblée des États-généraux, quelle part la
noblesse avait-elle aux opérations de l'ancien
gouvernement? N'était-ce pas le parlement de
Paris qui exerçait les droits politiques? Il était
pourtant assez dur pour l'antique corps de la
noblesse de n'influer en rien dans la chose publique, de voir l'État marcher à sa ruine, sans
être même appelé à donner son opinion. Quelques droits féodaux tombés en désuétude va-
lent-ils les droits politiques qui sont rendus
aux gentilshommes?

» Quant à la haute noblesse, elle trouve si
évidemment son avantage dans les institutions
nouvelles, qu'il serait superflu de s'attacher à
le montrer. Comme c'était elle qui avait le plus
perdu dans la destruction du pouvoir aristo-

cratique de la France, c'est elle aussi qui gagne le plus à l'ordre de choses qui rétablit ce pouvoir. Les hommes qui portent ces noms historiques, auxquels la gloire a depuis long-temps accoutumé notre oreille, rentrent dans la possession de leurs droits. C'est un sort assez remarquable de servir à fonder la nouvelle monarchie dans la chambre des pairs de Louis XVIII, après avoir formé la base de l'ancienne monarchie dans la cour des pairs de Hugues Capet.

» Ainsi la Charte qui rend aux gentilshommes leur ancienne part au gouvernement, et qui les rapproche en même temps du peuple pour le protéger et le défendre, ne fait que les rappeler au premier esprit de leur ordre. Les plus hautes et les plus brillantes destinées s'ouvrent devant eux ; il leur suffit, pour y atteindre, de bien se pénétrer de leur position , sans regarder en arrière, et sans lutter vainement contre le torrent du siècle ». (*Réflex. polit.* etc., pages 127, 131 et 132).

Il s'agit maintenant d'examiner si le pouvoir démocratique est suffisamment institué par la Charte. Je pense qu'il est difficile d'en douter.

Le droit le plus précieux d'un peuple civilisé est de choisir les défenseurs immédiats de ses intérêts. Ce droit est solennellement reconnu. L'impôt ne peut être établi, ni perçu, sans le libre consentement de ces mêmes défenseurs réunis en assemblée délibérante, qui, lorsqu'ils ne sont agités par aucune passion étrangère à leurs devoirs, deviennent les véritables organes de l'opinion publique. Dès que la chambre des députés est admise comme partie intégrante de la puissance législative, il se trouve dans la constitution assez de démocratie pour satisfaire un homme moins exigeant que M. Fiévée. La seule publicité des délibérations est un rempart assuré contre l'invasion du despotisme.

Je pourrais ajouter quelques nouveaux développemens à ces idées; mais j'en ai dit assez pour démontrer que tout ce qui constitue un État libre, un gouvernement représentatif est établi et consacré par la constitution.

A propos de la royauté, M. Fiévée parle de *la lutte terrible* dans laquelle elle est placée. Que M. Fiévée se rassure; cette lutte n'existe que dans son imagination : nous ne serons pas assez dupes pour regarder ses rêves comme des réalités. Il y a sans doute quelques individus qui, croyant avoir du mérite parce qu'ils sont dévorés d'ambition et d'envie, appellent, par leurs vœux secrets, de nouvelles luttes d'intérêts et d'opinions. Ils savent qu'une époque de raison et de calme est peu favorable à leurs désirs; et qu'ils ne peuvent avancer s'ils ne sont soutenus par la force d'un parti; car les partis, quelle que soit leur bannière, sont peu dédaigneux, et ouvrent volontiers leurs rangs à l'intrigue et à la médiocrité.

C'est là, pour le dire en passant, une des grandes causes de la dépravation des peuples pendant les révolutions. L'admission dans un parti est une espèce de baptême politique qui emporte toutes les souillures; lorsqu'on n'a besoin ni de mœurs ni de probité pour obtenir la considération, les vices perdent toute retenue, la corruption gagne de toutes parts; et le débordement devient si manifeste et si général, que la morale est réduite à regretter l'hypocrisie.

Il ne faut donc pas s'étonner si quelques personnes éprouvent du malaise dans l'absence des partis, si elles s'agitent pour exciter des agitations; c'est la suite inévitable d'une révolution; c'est même une preuve qu'elle est terminée. Le mécontentement des hommes qui ne sont dignes d'aucune estime doit être la mesure de notre sécurité : tant qu'ils sont de mauvaise humeur, les honnêtes gens peuvent dormir en paix.

Ces réflexions générales ne m'ont pas écarté de M. Fiévée : si l'amertume de ses plaintes n'annonçait les chagrins de son cœur, je ne pourrais me défendre d'une secrète inquiétude. L'homme qui a si bien servi le despotisme militaire, et qui en vantait les douceurs avec tant de sensibilité, doit être aujourd'hui bien malheureux. Il est certain que le gouvernement actuel ne peut lui convenir. Cette vérité déjà connue sera bientôt démontrée. Je vais passer à la seconde partie de son livre intitulée: *Situation de la France.* J'aurai encore beaucoup d'erreurs à combattre, beaucoup d'intentions secrètes à dévoiler, et ce que je trouve de plus fâcheux, c'est que M. Fiévée s'est arrangé de manière à ne pas offrir le plus léger dédommagement à la critique.

CHAPITRE II.

Des Prétentions des Royalistes. — Des Préten-
tions révolutionnaires. — Les cent jours. —
Convocation des Colléges électoraux; véri-
table opinion de la France.

Il paraîtra singulier que toutes les fois que
je partagerai une opinion de M. Fiévée, ce sera
toujours par des raisons et des motifs opposés
aux siens. Par exemple, nous sommes d'accord
sur ce qu'il faut penser des prétentions de
quelques royalistes à une exclusive pureté;
mais M. Fiévée déplore cette manie d'épuration, parce qu'elle est un obstacle « à ce que
les royalistes forment jamais un parti »; et je
la condamne précisément, parce que, dans
les circonstances actuelles, où l'union est un
besoin, elle tend à créer des divisions et des
partis.

Cependant, si j'avais traité la même question
que M. Fiévée, il me semble que j'aurais mis
un peu plus de modération dans mes reproches, un peu plus de force dans mes raison-

nemens. Ce n'est point avec les traits du ridicule que je me serais permis d'attaquer des hommes respectables, malgré leurs erreurs; et qui ne sont égarés, que par l'excès d'un sentiment vrai et profond. J'aurais évité d'emprunter à M. Carnot des armes pour les combattre; j'aurais cherché à convaincre leur raison, plutôt qu'à irriter leur amour-propre. Si la noblesse fit une faute en quittant la France, ce n'est pas aujourd'hui le moment de lui en faire un reproche; cette faute a été expiée par de trop longs malheurs. Je me garderais bien surtout d'insinuer que la majorité de la France n'est pas royaliste.

« Pendant les cent jours, dit M. Fiévée, Fouché, ministre de la police de Buonaparte, lui présentait la France comme royaliste, et il avait raison. Avait-il également raison, lorsque, quelques mois plus tard, ministre de la police sous le Roi, il présentait la majorité de la France comme n'étant pas royaliste? Serait-il écrit *par Dieu* même, que les partis ne peuvent rester unis, qu'autant qu'ils sont mus par des craintes communes, et qu'aussitôt qu'ils triomphent, ils se divisent, afin que les hommes ne puissent pas oublier que la force réelle de la société n'est pas fondée sur des opinions et des sentimens, mais sur des devoirs et des autorités ».

Si la division s'est glissée parmi les royalistes; c'est-à-dire, s'ils ne sont pas unanimes sur la nécessité des institutions constitutionnelles, il ne s'ensuit pas que les uns ou les autres aient cessé d'être royalistes. Pourquoi présenter les royalistes comme formant un parti ou des partis ? La France entière est royaliste ; elle est attachée au Roi par le sentiment de son intérêt, de son devoir, et par celui de la reconnaissance. La diversité des opinions, sur des points accessoires, n'exclut point l'unanimité des sentimens.

S'il existe en effet des royalistes, ennemis des formes constitutionnelles, ils sont si peu nombreux, qu'ils ne peuvent prétendre à l'honneur de former un parti ; je parle seulement des royalistes exclusifs de bonne foi. Ce sont pour la plupart des hommes sans expérience, qui, dominés par d'anciens et honorables souvenirs, ne s'aperçoivent pas que tout est changé en Europe, et que les relations des

États entre eux, et des peuples avec les gouvernemens, ne sont plus et ne peuvent plus être
aujourd'hui les mêmes qu'avant l'époque de la
révolution. Tout les étonne, et rien ne les
instruit. Ils ignorent qu'à Dieu seul appartient
la puissance de créer ; et que le législateur est
forcé de se servir des élémens qui sont à sa disposition, de s'accommoder au temps, aux opinions et aux intérêts. Le temps a effacé jusqu'aux
derniers vestiges de nos anciennes institutions ;
elles sont incompatibles avec de puissans intérêts, dont l'opinion publique n'est que l'expression. Voilà des vérités incontestables. Les
partisans de l'antique royauté ne peuvent soutenir à cet égard une discussion raisonnable,
même d'après les principes qu'ils ont conservés.
Ils réclament le pouvoir absolu et l'obéissance
passive. Eh bien, qu'ils reconnaissent donc la
volonté du Roi, qui a consacré la nouvelle
alliance de la monarchie avec la liberté.

Toutefois, ce ne sont pas ces royalistes qui
jettent l'alarme et qui fomentent de nouveaux
troubles ; leur attachement à la personne du
Roi est trop sincère, pour qu'ils cherchent,
malgré lui, à faire triompher un système qui

déplacerait encore les fondemens de la société, et nous exposerait aux calamités de l'anarchie. Mais ce qu'on appelle *les exagérés, les ultrà-royalistes*, n'aiment ni le Roi, ni la Patrie. Ce sont pour la plupart des intrigans qui prennent le masque du royalisme pour sortir de l'obscurité qui les environne, et pour obtenir des places et *des émolumens*. Pendant que les premiers gardent au fond du cœur le secret de leurs opinions, ceux-ci se répandent en déclamations insensées; ils s'efforcent d'irriter les esprits, et de les tenir dans une fermentation nécessaire à leurs sinistres projets. Qu'on examine ces hommes si purs! On ne verra parmi eux que des sycophantes, qui, depuis vingt-six ans, ont roulé de factions en factions, et que le pouvoir dominant aura toujours à ses gages, lorsqu'il ne dédaignera pas de s'en servir. Leur tactique est bien connue; pour exciter des divisions, ils supposent des divisions; pour former des partis, ils supposent l'existence des partis; d'autant plus criminels, qu'ils cachent leur perfidie sous l'apparence des sentimens les plus louables, et qu'il faut une expérience consommée, une grande connaissance des hommes pour ne pas tomber dans leurs piéges, et pour démêler leurs véritables intentions.

Mais ces hommes, qu'il faut bien se garder de confondre, comme je l'ai déjà dit, avec les vrais royalistes, qui se font toujours un devoir sacré d'obéir aux volontés du Roi, ne forment pas plus un parti dans l'Etat que les voleurs dont les grands chemins sont quelquefois infestés. Ils accusent le Gouvernement de faiblesse : sans doute, il a été faible; mais c'est à leur égard. S'il eût montré autant de fermeté à réprimer leurs tentatives, qu'il en a déployé envers les partisans de l'usurpation, ils auraient gardé le silence; car il est dans leur nature d'insulter ceux qui les ménagent, et de fléchir sous l'autorité qui les méprise, et qui punit leurs excès.

Les hommes paisibles, ceux qui sont fatigués de révolutions, et qui redoutent la licence, quelle que soit sa bannière ou son cri de ralliement, espèrent que le Gouvernement sortira enfin de ce système d'hésitation, qui enhardit les ennemis de la paix publique, et leur permet d'élever impunément la voix. C'est alors qu'on pourra reconnaître leur impuis-

sance, et qu'on n'entendra plus exprimer de
doutes sur la stabilité de nos institutions et
sur celle du Gouvernement. C'est là l'unique
moyen de mettre un terme à ce torrent de
dénonciations calomnieuses, à cette absurdité
de prétentions exclusives qui troublent encore
le repos d'un nombre considérable de sujets
fidèles, et qui ébranlent la confiance, sans
laquelle un bon système d'administration ne
peut exister.

M. Fiévée représente la France comme par-
tagée en factions. Il n'en croit rien; mais il
voudroit le faire croire. Il se trahit lui-même,
lorsqu'après avoir *gémi* sur la nécessité de se
servir du terme de *parti*, il est forcé d'avouer
que les royalistes ne sont point un parti. Dans
le fait, un peuple entier ne forme point un
parti; il serait absurde de supposer que la
nation française, intimement unie au Roi qui
protége ses destinées, ne fût pas royaliste. Si
elle ne l'était pas par sentiment, elle le serait
par intérêt, par nécessité; car désormais le
Peuple et le Monarque sont inséparables. Le
bonheur de l'un est celui de l'autre; ceux qui
voudraient séparer la Nation du Roi, ou le Roi

de la Nation, sont également dangereux, également coupables.

M. Fiévée est très-fort sur les divisions et les subdivisions. « J'aurais aisément classé, nous dit-il, les Français en royalistes *d'habitude*, *de sentiment*, *d'opinion*, *d'intérêt*; mais jamais de moi-même je n'aurais pensé qu'une partie de la société, et la plus nombreuse, pût s'imaginer que l'on fût ou qu'on ne fût pas royaliste, selon sa position ». Là-dessus, M. Fiévée nous raconte une anecdote d'écurie; c'est à Nevers, en 1814, qu'un cocher lui apprit ce que c'est qu'un royaliste *de position*.

« L'homme qui me servoit *à titre* de cocher, vint me demander mes ordres pour la journée, et commença, de lui-même, le dialogue suivant. « Monsieur, suis-je royaliste, moi ? — Si je voulais le savoir, c'est à vous que je le demanderais. — Monsieur, ma mère avait un cousin qui était curé; — alors, il est clair que vous êtes royaliste ». Cet homme, ajoute l'auteur, croyait qu'on était royaliste par *position*, et non par devoir et par opinion ». M. Fiévée conclut de ce dialogue « qu'une classe nombreuse du peuple, qui ne fait pas ses idées, mais qui les reçoit, ignore de bonne foi si elle peut, ou si elle ne peut pas être royaliste ».

Un des sophismes les plus communs, celui dont on se défie le moins, est de conclure du particulier au général. Il me semble que M. Fiévée aurait dû faire quelques réflexions avant de tirer des conséquences si étendues de son dialogue avec l'homme qui le servait *à titre* de cocher. S'il eut aussi bien connu la France qu'il voudrait nous le faire penser, il saurait que peu de gens sont assez ignorans pour ne pas savoir s'ils peuvent être royalistes. Le peuple français, étourdi par les événemens extraordinaires de la révolution et par les entreprises gigantesques du despotisme militaire, s'est laissé conduire, parce qu'un peuple ne se conduit pas lui-même ; il a obéi au mouvement des factions comme les flots de la mer obéissent à l'impétuosité des vents ; mais il est toujours resté royaliste, non par position, mais par instinct ; lorsque la fureur des partis a été épuisée, lorsque le prestige des conquêtes s'est évanoui, il est retombé dans la royauté légitime sans secousse et sans efforts, comme dans son état naturel. Si des factions nouvelles compromettaient encore son repos, il repousserait les factieux, de quelques prétextes qu'ils couvrissent leur ambitieuse cupidité ; on le verrait imiter la conduite des Danois opprimés par un pouvoir aristocratique trop indépendant ; il* invoquerait l'autorité royale comme le plus fidèle gardien de ses droits, et le plus ferme rempart de ses libertés. Peu lui importerait que le pouvoir oppresseur se nommât *aristocratique* ou *démocratique*; il ne sentirait que le poids de ses chaînes, et chercherait un refuge auprès du trône comme dans un asile inviolable et sacré.

La France a toujours aimé et n'a jamais craint ses rois; elle sait qu'ils l'ont graduellement affranchie de mille oppressions subalternes, et que leur justice ne fut jamais vainement invoquée. Le peuple est convaincu qu'un Roi de France ne peut vouloir que le bonheur des Français; et si, comme je viens de le dire, des prétentions exagérées, si des événemens imprévus remettaient en question ce que le temps et les lois nouvelles ont décidé, les vœux du peuple ne s'adrèsseraient qu'au souverain légitime, protecteur naturel de ses intérêts. Cette vérité consolante est la garantie de l'avenir ; et malheur au Gouvernement si jamais il venait à l'oublier !

M. Fiévée censure avec amertume *les prétentions royalistes* qui ne s'accordent pas avec ses propres prétentions ; car après avoir passé du service du Roi à celui de l'usurpateur, cet écrivain ne s'en regarde pas moins comme un homme très-irréprochable et un royaliste très-pur ; il attaque ensuite *les prétentions révolutionnaires*. C'est ici qu'il faut redoubler d'attention ; car l'auteur ne s'exprime pas d'une manière très-claire, et paraît compter beaucoup sur l'intelligence de ses lecteurs.

Dans sa pensée, les prétentions et les doctrines révolutionnaires sont deux expressions identiques. Ceux qu'il désigne sous le nom *de vieux révolutionnaires*, ou *de révolutionnaires* de bonne société, prétendent faire triompher les principes *de l'égalité* absolue et *de la souveraineté du peuple.*

« Il faut avoir vu agir les hommes dont je parle, dit M. Fiévée, pour être convaincu qu'ils *préféraient d'instinct les maximes popu-*

laires, même aux avantages dont ils jouissaient (sous Buonaparte); ils en faisaient l'aveu à chaque instant, et d'une façon d'autant plus piquante, qu'ils ne se doutaient pas eux-mêmes que chacune de leurs paroles était, pour l'observateur attentif, une véritable ré-vélation. Je n'aurais pas osé écrire ceci avant l'événement du 20 mars : on ne l'aurait pas cru; du moins on en aurait demandé la preuve. La preuve existe aujourd'hui dans cette fameuse déclaration de principes du conseil d'État en faveur de la souveraineté du peuple ».

Je crois que M. Fiévée fait beaucoup trop d'honneur à ses anciens collègues les conseillers d'Etat et les maîtres des requêtes de Buonaparte. Il est au moins douteux qu'ils eussent consenti à sacrifier *leurs avantages*, c'est-à-dire, les dotations, les traitemens, les honneurs dont ils avaient été comblés pour le seul plaisir de faire triompher les dogmes révolutions de l'égalité absolue et de la souveraineté du peuple. Il se trouvait parmi eux des hommes remplis de lumières et de bons sentimens : ils gémissaient des excès du despotisme militaire, et depuis sa chute ils se sont franchement dé-

voués à la cause de la légitimité et ont été
exposés, pendant les cent jours, à d'honorables persécutions. Quant aux autres, ils n'ont
vu dans le retour de leur ancien maître que
l'occasion de ressaisir leur influence, et de
satisfaire leur soif immodérée de richesses et
de dignités. Cette *fameuse déclaration* en faveur de la souveraineté du peuple ne fut autre
chose qu'un moyen grossier employé pour
affaiblir l'effet qu'avait produit sur tous les
hommes raisonnables le principe conservateur
de la légitimité. Il serait ridicule de penser
que les rédacteurs de cette déclaration fussent
de bonne foi.

M. Fiévée assure que, « chaque fois que
les prétentions révolutionnaires déconcertées
ont été obligées de renoncer à dominer hau-
tement, on les a vues chercher à s'unir au
pouvoir établi ; ce qu'elles ont fait sous Buonaparte, ajoute-t-il, elles ont essayé de le
faire sous le Roi ».

Parmi les preuves que M. Fiévée rapporte à
l'appui de cette assertion, il en est une très-
remarquable, et je crois que son livre n'a été
composé que pour arriver à cette terrible

preuve. « Lorsque le ministère a annoncé *la prétention* d'être le Gouvernement, de nous montrer un directoire sous le Roi comme il y en avoit un sous la république, la majorité de la France ne s'est-elle pas soulevée à la seule annonce de ce renversement de tous les principes monarchiques ».

Voilà un reproche bien amer contre les ministres qui n'ont offert à M. Fiévée ni place, ni *émolumens*. Sans prétendre faire l'apologie du ministère, il est permis d'examiner cette accusation.

Je demanderai d'abord à M. Fiévée, en quelle occasion le ministère a annoncé la prétention *révolutionnaire* de nous montrer *un directoire* sous un roi. La responsabilité des ministres, constitutionnellement établie, ne repousse-t-elle pas une idée pareille. Si les ministres dépositaires de l'autorité royale, ont voulu empêcher qu'elle ne s'anéantît entre leurs mains ; s'ils ont soutenu avec quelque succès la prérogative royale contre les empiétemens de ce que M. Fiévée nomme *le pouvoir démocratique*, n'ont-ils pas rendu un service réel au Roi et à la Nation. M. Fiévée est-il bien sûr que *cette majorité de la France* dont il se fait l'interprète, et la majorité *de la chambre actuelle des députés* soit réellement une seule et même chose. Cette majorité, qui placerait à son gré ou déplacerait les hommes investis de la confiance du Roi, ne réunirait-elle pas, à l'aide de cette seule prérogative, tous les pouvoirs; et l'indépendance de la couronne, si nécessaire à la liberté des peuples, ne serait-elle pas incessamment attaquée et violée? Ici c'est M. Fiévée qui élève *des prétentions révolutionnaires*; c'est avec de pareilles doctrines que la révolution a commencé, et qu'elle a été consommée. Je puis m'appuyer ici de l'opinion d'un homme aussi recommandable par ses talens que par sa probité.

« Le 16 juillet, dit M. Mounier dans l'exposé de sa conduite, MM. de Mirabeau et Barnave, demandèrent le renvoi des nouveaux ministres, et soutinrent l'un et l'autre que l'assemblée nationale était en droit d'influer sur le choix des ministres. Comme je croyais dangereux de laisser sans réponse une pareille assertion, j'entrepris de la combattre; je représentai qu'il n'y aurait plus d'obstacle à la réunion de tous les pouvoirs dans les mains des membres de l'assemblée, c'est-à-dire, à l'établissement du desposisme en leur faveur, s'ils s'emparaient du pouvoir exécutif, et que ce serait réellement s'en emparer que d'influer sur le choix des ministres ; qu'un Roi qui ne serait pas libre dans ce choix n'aurait plus qu'un vain titre ; que d'ailleurs on ouvrirait par ce moyen une grande source de corruption, en favorisant dans l'assemblée, des brigues continuelles pour faire vaquer des places et pour les remplir. Je citai l'exemple de l'Angleterre, où une cabale, ennemie de M. Pitt, avait demandé son renvoi et menacé de le déclarer infâme, cabale qui n'avait pu être enchaînée que par la dissolution du parlement ».

Les raisonnemens de M. Mounier firent peu d'impression sur des esprits portés à l'enthousiasme, et remués par l'éloquence convulsive de quelques orateurs factieux. MM. de Mirabeau et Barnave, observèrent comme M. Fiévée, que la majorité de l'assemblée représentait la majorité de la nation ; et ils forcèrent le faible et malheureux Louis XVI à choisir des ministres agréables à cette même majorité. Dès-lors, le voile qui couvrait les destinées futures de la monarchie fut déchiré : on vit qu'il n'y aurait plus de termes aux prétentions révolutionnaires d'une telle assemblée , que tout lui deviendrait facile, excepté le bien ; que la royauté n'était plus qu'une chimère, et le Roi qu'un fantôme couronné.

Je reviendrai plus tard sur ce que M. Fiévée appelle la majorité de la nation. Il me suffit pour le moment d'avoir montré que cet écrivain paraît destiné, par la nature de ses penchans et par la force de ses habitudes , à servir et à défendre le despotisme, soit qu'il s'élève sur des baïonnettes ou qu'il se retranche à la tribune. Cette malheureuse passion , que tant de gens éprouvent pour la tyrannie, soit militaire, soit démocratique, ne peut être expliquée que parce que cette tyrannie « ouvre une grande source de corruption, et qu'elle favorise des brigues continuelles pour faire vaquer des places et pour les remplir ».

Après avoir examiné les prétentions révolutionnaires en n'oubliant que les siennes, M. Fiévée passe à l'époque funeste des cent jours , et c'est pour blâmer indirectement la conduite du Roi.

. La postérité décidera , si dans les terribles circonstances où le Gouvernement s'est trouvé placé , il n'a pas fait tout ce qu'il était possible de faire pour sauver l'honneur et les intérêts de la France. L'équitable histoire dira sans doute que, sans la présence de Louis XVIII, sans l'ascendant de son caractère et de ses vertus , on ne sait à quel point se serait arrêtée la vengeance de l'Europe. Elle verra qu'à l'aspect vénérable du Monarque français, les passions se calmèrent , que la crainte des vengeances personnelles disparut, et que l'espoir d'un meilleur avenir ramena la confiance et la sécurité. Que prétend M. Fiévée lorsqu'en parlant de l'époque qui suivit le retour du Roi il dit en propres termes : « C'était sur ce qui avait trahi qu'on appelait l'intérêt ; ce qui avait été fidèle était déjà abandonné ». Est-il possible d'avancer, avec tant d'assurance, une assertion aussi téméraire, et aussi évidemment démentie par la vérité des faits. Pour satisfaire M. Fiévée il aurait fallu peut-être couvrir la France d'échafauds, et ressusciter ce système de terreur, système monstrueux, qui ne produit que des crimes et des convulsions. La modération compagne de la fermeté, la punition des principaux coupables, l'indulgence pour la faiblesse et l'erreur, c'est-là, s'il faut en croire M. Fiévée, « appeler l'intérêt sur ce qui avait trahi », quant à l'abandon de ce qui avait été fidèle : jamais reproche fut-il plus insensé et plus injuste ? Quel est le zèle qui a été méconnu ; quels sont les services qui n'ont pas été récompensés ? Si quelques-uns de ces intrigans toujours prêts à outrer les choses et à flatter le pouvoir ont été jugés et abandonnés, c'est un bonheur pour la société.

Dans ces circonstances, M. Fiévée croit que le résultat des élections faites par les colléges électoraux trompa les espérances et dérangea les projets du nouveau ministère. J'ignore jusqu'à quel point cette assertion est fondée, et je ne sais quel degré de confiance accorder à cet écrivain lorsqu'il avance « que ce ministère ne voulait que des *demi-honnêtes* gens ». Je passe légèrement sur quelques digressions de l'auteur, entre autres sur la difficulté de connaître l'opinion publique par le moyen des préfets; et

4

je me hâte d'arriver au but principal de son ouvrage, c'est-à-dire, à l'histoire de la session de
la chambre des députés.

Pour bien comprendre M. Fiévée, ce qui est
quelquefois un peu difficile, on ne doit pas
oublier qu'il veut « dans une société complètement organisée, *un pouvoir démocratique réel* ».
La chambre des députés est à ses yeux ce pouvoir démocratique. Il faut aussi se rappeler
que la majorité de la chambre ou *la majorité de
la nation* sont deux choses identiques. Nous le
verrons tirer de singulières conséquences de
ces deux principes ; mais soit qu'il se présente
comme le défenseur officieux de la chambre
des députés; soit qu'il censure les opérations
et les intentions des ministres, nous reconnaî-
trons toujours le conseiller intime de Buonaparte.

CHAPITRE III.

Ouverture de la session. — Lois de sûreté. — Projet de loi relatif à une nouvelle organisation de la cour des comptes.

La composition de la chambre des députés sur laquelle l'attention était particulièrement dirigée, ne causa point d'alarmes aux partisans de la royauté. On n'apercevait au milieu d'eux, sauf un petit nombre d'exceptions, que des hommes recommandables par la pureté de leur conduite et par celle de leurs sentimens. Leur attachement au Roi et aux principes monarchiques n'était pas équivoque. Ils paraissaient désirer le bien avec ardeur ; le ministère nouvellement organisé présentait aussi des hommes contre lesquels aucune prévention raisonnable ne pouvait s'élever ; tout faisait donc espérer que les chambres et le ministère adopteraient de concert les mesures les plus convenables dans la situation difficile où la France était placée.

Les premières opérations du ministère et des chambres ne démentirent pas ces espérances. Le sentiment profond des malheurs publics, le besoin de concourir avec le Roi au rétablissement de l'ordre et de donner de la stabilité au crédit, rapprochaient, par un intérêt commun, tous les hommes véritablement attachés à la royauté. Toutefois, on n'apprenait pas sans inquiétude que certains députés penchaient pour des mesures d'une extrême violence, et qu'ils écoutaient plutôt le ressentiment des injures particulières qu'ils avaient reçues, que les conseils de l'expérience et de la raison. Si l'on n'eût pas été rassuré par la clémence et la bonté naturelle du Roi ; si les ministres n'eussent pas été connus, non-seulement par leur dévouement à la cause royale, mais encore par leur prudence et leur modération, on aurait craint ces sanglantes proscriptions qui servent plutôt à satisfaire les vengeances particulières que la justice publique, et qui ne sont pas moins redoutables à l'innocence qu'au crime. L'indignation causée par des calamités récentes, l'agitation qui régnait encore dans quelques provinces, la nécessité de prévenir des mouvemens séditieux, exigeaient cependant des mesures sévères et des lois de sûreté. Elles furent présentées par les ministres, et adoptées par les chambres (1); et ce qui contribua beaucoup à calmer les esprits, ce fut une instruction particulière du ministre de la police qui resserrait les limites de l'arbitraire en étendant celles de la justice.

On ne manqua pas de s'apercevoir que la modération et le désir de réconcilier tous les Français étaient deux qualités dominantes dans le ministère , et l'on fut moins alarmé de l'exagération de quelques membres de la chambre, exagération froidement entretenue au-dehors par ces hommes dont j'ai déja parlé , qui flairent les révolutions, et ne peuvent avoir d'existence qu'au milieu des troubles civils.

M. Fiévée blâme ici ouvertement les ministres : il assure , de son autorité privée, que

---

(1) La loi répressive *des cris séditieux* , présentée le 16 décembre à la chambre des députés , éprouva des changemens considérables : elle fut refaite presqu'en entier par la chambre, qui n'en trouvait pas les dispositions assez rigoureuses. La seconde loi , relative *aux mesures de sûreté,* fut présentée par le ministre de la police, et adoptée sans amendement.

leurs projets de loi étaient mal rédigés ; il rappelle même le discours que prononça le ministre de la police à cette occasion, et lui reproche d'avoir manqué de l'ordre et de la correction nécessaire : « quand on parle en public au nom de l'autorité ». On pourrait, sans craindre aucune contradiction raisonnable , assurer le contraire ; car on n'a pu juger de ce discours improvisé que par l'analyse nécessairement incomplète que les journaux en ont publiée. On doit croire que le ministre n'avait pas eu le temps d'écrire, et qu'il se confia aux inspirations que la tribune ne refuse jamais aux hommes de talent. Le seul souvenir positif qui reste de ce discours, c'est qu'il exerça une grande influence sur l'assemblée, et fit disparaître toute idée d'opposition.

M. Fiévée s'amuse aussi à relever dans le projet de loi ministériel, une légère erreur de rédaction qui , si elle existait , ne nuirait ni au sens, ni à l'intelligence de la pensée, points principaux de toute rédaction. Il voudrait qu'un projet de loi fût rédigé avec une pureté académique ; et à l'instant même où il nous donne cet échantillon de suffisance pédantesque , il écrit la phrase suivante : « Cette loi fut adoptée par la chambre le 23, sept jours avant *celle présentée* le 16 par monseigneur le garde-des-sceaux ». M. Fiévée, qui a été, dit-on, compositeur d'imprimerie, et qui a de grandes prétentions comme écrivain , ne devrait pas ignorer que « *celle présentée* » est une locution barbare ; pour s'exprimer en français, il aurait dû dire « celle qui avait été présentée ». Cet amendement aurait rendu sa phrase conforme aux règles de la syntaxe, ce qui, dans son opinion , n'est jamais inutile.

Je demande pardon au lecteur de cette courte digression , et je reviens à des choses plus sérieuses.

M. Fiévée triomphe à l'idée qu'il s'établit à l'époque de ces lois répressives une division entre le ministère et la majorité de la chambre des députés ; et il en rejette la faute sur les ministres.

« Si le ministère, dit-il, avait su écarter de lui ceux qui voulaient une division , et qu'il lui était si facile de connaître ; *s'il avait formé le projet de marcher avec la chambre , quand la chambre paraîtrait ne pas être disposée à marcher avec le ministère*, quinze jours auraient suffi pour que la majorité ne fît pas un pas sans les ministres, en admettant cependant que le talent nécessaire fût de ce côté-là ».

Ainsi le ministère devait marcher avec la chambre, quand la chambre paraîtrait ne pas être disposée à marcher avec le ministère ; ce qui veut dire que le ministère devait se laisser dominer et conduire par la majorité de la chambre ; ou en d'autres termes, que la chambre devait exercer le pouvoir par le moyen des ministres qui auraient été ses instrumens. Mais que devenait alors la prérogative royale, sauve-garde des droits de la couronne et de la liberté publique ? Sans doute l'assemblée montrait en général de bonnes intentions ; mais les meilleures intentions sont-elles une suffisante garantie contre les séductions de l'esprit de parti et les périls d'une autorité sans contrepoids. Le succès d'une telle usurpation, d'une telle atteinte portée à la constitution, amenait nécessairement d'autres tentatives du même genre, et nous conduisait vers l'abîme d'une seconde révolution. On parle de l'atta-chement de la chambre au Roi ; mais cet attachement aurait dû s'étendre à la royauté. Je ne vois dans les plus vives protestations de zèle et de royalisme que de vaines paroles, lorsqu'elles sont démenties par l'évidence des faits : les premières atteintes contre le pouvoir royal, sont toujours adoucies par les formes les plus respectueuses ; et l'on peut arriver à la confusion des pouvoirs aux cris *de vive le Roi*, comme à ceux *de vive la Liberté*.

Qu'entend M. Fiévée par la majorité de la chambre ? Lorsqu'une question est soumise à la décision d'une assemblée, elle se divise alors en majorité et en minorité ; mais cette division n'est qu'accidentelle; la question décidée, la majorité rentre dans l'assemblée, à moins qu'on ne suppose une coalition de la plus grande partie des membres, résolue de voter dans le même sens, sur quelque question qui se présente. Alors, cette majorité a toutes les apparences et tous les dangers d'un parti ; elle peut s'opposer aux mesures les plus sages ; ses volontés ou ses caprices deviennent des lois ; si un ministère n'est pas disposé à se soumettre au despotisme d'une telle majorité, une lutte violente s'établit entre les pouvoirs; et si la majorité triomphe, la royauté est perdue.

Heureusement la constitution renferme le remède le plus efficace contre un tel danger. Dès que les symptômes des factions se manifestent dans une assemblée , il n'y a point de temps à perdre : la moindre concession, la moindre hésitation augmentent le péril , le Roi , seul juge des grands intérêts publics , doit s'armer de sa prérogative et prononcer la dissolution.

En vain M. Fiévée prétend que la majorité de la chambre représente la majorité de la nation. Cette prétention est trop révolutionnaire ; en remontant de conséquence en conséquence , elle nous ramenerait au principe de la souveraineté du peuple ; nous aurions une constitution *libre de tout gouvernement,* et nous donnerions encore une fois à l'Europe le spectacle d'un peuple enchaîné , avili au nom de la liberté. L'expérience et la sagesse du Roi nous préserveront d'une pareille honte et de pareils malheurs.

M. Fiévée insinue « que le talent n'est pas du côté des ministres ; rien ne résiste au talent , tout dépend aujourd'hui du talent ».

Voilà ce qu'il ne cesse de répéter; car cet écrivain se croit beaucoup de talent, et il serait difficile de lui enlever cette illusion; mais, dans son livre, il n'est nulle part question de probité; qualité sans doute peu importante à ses yeux. M. Fiévée, qui est en extase devant le mérite de quelques membres de la chambre des députés, aurait bien dû nous dire ce qu'il entend par le mot *talent*. Je ne serais pas éloigné de penser qu'il attache trop d'importance au talent de rédiger une phrase avec plus ou moins d'élégance et de pureté. Ce talent est bien plus nécessaire pour figurer honorablement dans l'Académie française, que pour exercer les fonctions importantes d'un ministère. « Tout, disait Henri iv, peut me réussir par le moyen d'un connétable (Montmorency) qui ne sait pas écrire, et d'un chancelier (Sillery) qui ignore le latin ». Henri iv savait en quoi consiste le talent d'un homme d'Etat.

Ce qu'on devait désirer dans les ministres du Roi, à l'époque difficile où ils furent chargés de l'administration, c'était moins l'art d'arranger les mots que celui d'arranger les choses. On reconnaissait en eux un dévouement sincère à la personne du Roi, une connaissance pratique des affaires, de la probité, du désintéressement, des vues sages, des lumières, de la modération, et par-dessus tout, le désir de contribuer au salut et à la prospérité de la France. Le chef de ce ministère, précédé d'une juste et brillante réputation, était revenu dans sa patrie, qu'il n'avait point oubliée. Sa position avait des avantages particuliers et précieux pour lui comme pour nous. Il inspirait de la confiance à tous, et n'apportait de haine et de préventions contre personne. Le choix de cet illustre personnage fut regardé comme un bienfait du Roi. Quelques changemens ont eu lieu depuis cette époque dans le ministère. Il est aujourd'hui composé de manière à calmer toutes les craintes et à rassurer tous les intérêts. Il ne peut avoir d'ennemis que les *exagérés*, qui, d'un côté, voudraient pousser le Gouvernement au despotisme, et de l'autre à l'anarchie.

Les ministres ont une faute à se reprocher, c'est de n'avoir pas réprimé dès l'origine, avec assez de vigueur et de sévérité, les tentatives de certains fonctionnaires, qui, dans

quelques départemens , mettaient leurs volontés privées , quelquefois même leurs passions, à la place de la volonté du Prince et de
celle de la loi ; et qui, s'affranchissant de toute
subordination , réchauffaient avec impunité
les germes du mécontentement et de l'esprit
de parti. Ce système de mollesse et d'hésitation
est abandonné depuis que la direction des
affaires de l'intérieur a été remise aux soins
d'un homme aussi vertueux qu'éclairé, et qui
ne transige point avec ses devoirs. Il combattait
la tyrannie à l'époque où tant d'hommes, qui
élèvent aujourd'hui la voix, rampaient en
silence, ou servaient avec ferveur les caprices
du tyran. Consommé dans les affaires, dans la
connaissance des lois, royaliste par sentiment
et par principes, ce n'est pas lui qui fléchirait
devant la volonté despotique d'une majorité
factieuse, et qui laisserait porter atteinte à la
prérogative royale.

Les opérations du ministère ne peuvent être
jugées que par leurs résultats. Ces résultats
sont évidens ; le calme règne dans toutes les
parties de la France, l'action du Gouvernement
n'est plus suspendue ou détournée par les

usurpations partielles du pouvoir, les passions s'apaisent, les esprits s'éclairent ; tous les Français reconnaissent enfin qu'ils ne peuvent espérer de bonheur que de l'autorité légitime et de la stabilité du Gouvernement. Il n'en était pas ainsi sous l'ancien despotisme ; tout languissait, le peuple était malheureux. C'est qu'alors, pour me servir du mot touchant de Henri iv à un ambassadeur espagnol, « le père de famille était absent ; aujourd'hui qu'il a soin de ses enfans, ils prospèrent ».

Il devient donc difficile de croire avec M. Fiévée, qu'un ministère qui a su maintenir la tranquillité publique, et rétablir la confiance dans les temps les plus difficiles, soit tout-à-fait dépourvu de talens. On ne trouvera pas moins de difficulté à partager son opinion, lorsque, à propos d'un projet relatif à une nouvelle organisation de la cour des comptes, il propose sérieusement « *de refaire notre nation*, afin qu'elle ose se confier au pouvoir, et qu'*elle puisse le défendre* contre toutes les factions ».

Je ne chercherai point à embarrasser M. Fiévée en lui demandant le sens précis de ces mots : « *refaire la nation* » ; j'aime mieux entrer

franchement dans sa pensée. « Refaire la nation », veut dire dans l'opinion de M. Fiévée,
qu'il est nécessaire de l'associer aux soins de
l'administration par le moyen des conseils généraux de préfecture, des conseils d'arrondis-
sement et des conseils municipaux. Il regarde
ces conseils comme les élémens des assemblées
provinciales dont il désire le rétablissement. Il
ne tarit point, lorsqu'il s'agit des avantages de
ces assemblées qui seraient chargées de l'administration locale des départemens.

Cette question est assez importante pour
que le lecteur me pardonne ici quelques développemens. Je reviendrai ailleurs sur le même
sujet.

Avant la révolution, de bons esprits avaient
regardé l'établissement des assemblées provinciales comme une excellente institution; et
dans l'état où le royaume se trouvait alors, je
crois qu'ils avaient pleinement raison.

Les intérêts des provinces, qui étaient privées d'états, n'avaient point alors de défenseurs
naturels; car les fonctions des parlemens se
bornaient à vérifier les édits du Roi et à rendre
la justice. L'administration était confiée à des

intendans et à des subdélégués, qui, sauf quelques honorables exceptions, songeaient plus aux intérêts du trésor public qu'à ceux des contribuables. Conséquemment la répartition de l'impôt était arbitraire; les besoins des provinces étaient presque toujours oubliés, et rien de paternel ne se mêlait aux opérations des agens supérieurs du fisc. A cette époque, l'organisation des assemblées provinciales était un grand bienfait; on aurait obtenu par leur moyen une répartition moins inégale des charges publiques; les injustices, les vexations seraient devenues plus rares, et le peuple aurait été soulagé.

Alors la toute-puissance était par le fait entre les mains de ministres non-responsables; les provinces isolées avaient, comme je viens de le dire, des droits et des intérêts particuliers à défendre ; chacune désirait avec raison un corps particulier d'administration, et aurait voulu l'établir au plus haut degré de puissance et de force qu'il était possible; mais aujourd'hui toutes les parties de la France sont associées en droits et en intérêts, la liberté publique est assurée par les lois constitutionnelles et par les sessions annuelles des deux chambres. Il n'est pas un droit qui puisse être violé, pas une vexation qui puisse être commise impunément, depuis que chaque Français peut invoquer, par une pétition, l'attention des chambres, l'équité des ministres et la justice du Roi. Dirat-on que les intérêts des départemens sont oubliés ; mais chaque département, outre ses autorités locales, a ses défenseurs naturels dans la chambre des députés ; la tribune est ouverte aux justes réclamations; la publicité des débats, la responsabilité des ministres, tout, sous le régime constitutionnel, protége efficacement les droits et les intérêts du moindre village, comme ceux des cités les plus populeuses et des départemens les plus étendus.

La hiérarchie des pouvoirs est bien établie ; il n'y a point de lacune. Où placerez-vous les assemblées provinciales ; quel rang leur assignerez-vous ; quelles fonctions auront-elles à remplir, qui ne soient aujourd'hui exercées avec zèle et avec activité? En vain, vous me citez les abus de l'administration sous le despotisme militaire; ils ne peuvent se reproduire sous l'autorité légitime. Craignez de multiplier sans nécessité les corps politiques, et de détruire ainsi l'harmonie qui doit régner dans toute administration. La puissance, la prospérité de l'Etat dépendent de la cohérence des parties qui le composent; elles s'entre aident, se soutiennent et se balancent par leur propre poids; mais l'Etat chancelle, et se dissout, au moment où l'équilibre est détruit.

Une constitution sage, qui a pour bases les règles immuables de la raison et de la justice; un patriotisme éclairé, qui réunit les cœurs, les intérêts et les volontés; une surveillance attentive qui réprime les abus; une prudente économie qui pourvoit à tous les besoins; un concours unanime qui assure la stabilité des opérations, voilà les véritables garans du bonheur des peuples.

Les hommes mécontens de leur position et avides de changemens parlent toujours le même langage. En 1789, il fallait *régénérer la nation*; aujourd'hui, il faut *refaire la nation*, comme si les peuples étaient entre les mains des législateurs, comme un morceau d'argile sous la roue du potier. On sait tout ce qu'il en coûte pour régénérer ou refaire les nations.

Une terrible expérience nous a éclairés sur le danger de ces brusques révolutions qui déplacent les hommes et les choses ; nous commençons à jouir du repos et à essayer le régime constitutionnel, qui depuis vingt-six ans n'avait pas encore été éprouvé. N'abandonnons pas des biens réels pour courir après une perfection chimérique. Si des réformes sont nécessaires, elles s'opéreront avec une sage lenteur et par la force même des choses. N'oublions jamais ces paroles sorties d'une bouche auguste : « Auprès de l'avantage d'améliorer est le danger d'innover ».

CHAPITRE IV.

Proposition de suspendre pendant un an l'institution des Juges. — Épuration. — Proposition de faire payer les quatre premiers douzièmes des contributions. — Liberté des communes. — Administrations provinciales.

Je ne m'arrête point sur les faits connus, sur les discours et sur les digressions dont M. Fiévée a grossi son livre, au profit de son libraire plus qu'à l'avantage du public. C'est lui-même qui m'a dicté la marche que je devais suivre. « Tandis que la plupart des lecteurs, dit-il, examinent un discours phrase à phrase, qu'ils cherchent à s'en faire une idée par les choses qu'il contient, les hommes (qui ont acquis par l'expérience la facilité de juger) glissent sur les phrases et les raisonnemens, s'attachent à l'esprit, c'est-à-dire, à la pensée secrète des orateurs, et la saisissent d'autant plus aisément, qu'on a fait plus d'efforts pour la cacher ». Comme M. Fiévée n'a pas fait de grands efforts pour cacher sa pensée, il est facile de la saisir. Elle domine dans tout son livre. Par exemple, dans l'examen de la proposition de M. Hyde de Neuville, relatif à l'institution des juges et à l'épuration des administrations, il est aisé de s'apercevoir qu'il lui importe fort peu que les administrations ou les tribunaux soient bien ou mal composés ; ce qui lui importe, c'est de semer les défiances entre la chambre des députés et le ministère, de décrier tous les hommes qui occupent des places, de rendre leurs intentions suspectes, et de les représenter comme les fauteurs du despotisme.

Voyons si M. Fiévée me fournira les preuves de ce que je viens d'avancer. Je vais le laisser parler lui-même.

« Ils disent (les hommes tels que M. Fiévée),
» ils disent : cette opinion est dans l'intérêt de
» la royauté et de la France ; cette autre opi-
» nion *ne paraît dans l'intérêt de la royauté,*
» *que* parce que celui qui l'a prononcée veut
» conserver sa part d'un pouvoir qu'on n'exerce
» plus aujourd'hui qu'au nom du roi. Et pour
» que l'on comprenne de suite toute ma pensée,

» je ferai remarquer que la proposition de sus-
» pendre pendant une année l'institution royale
» des juges, faite par M. Hyde de Neuville, dont
» le dévoûment à la royauté et à la France s'est
» montré à toutes les époques par des sacrifices
» personnels, a été appuyée par MM. de Bonald,
» de Bouville, de Sallabéry, qui n'occupaient
» aucune place dans le Gouvernement et dans
» l'administration, tandis qu'elle a été particu-
» lièrement combattue par MM. Pasquier,
» Royer-Collard, Beugnot, de Serre, etc., etc.,
» qui ont acquis sur les emplois publics des
» droits tels, qu'ils ne peuvent perdre une
» fonction soldée qu'une ou plusieurs autres
» ne se présentent aussitôt comme dédomma-
» gement ou compensation ».

La logique de M. Fiévée est fort commode
pour les brouillons et les charlatans politiques
qui spéculent sur l'instabilité des Gouvernemens. M. Fiévée, qui a suivi le conseil de
l'oracle de Delphes, « connais-toi toi-même »,
juge les autres d'après cette connaissance. Il
ne saurait admettre qu'un homme exerçant
des fonctions soldées, puisse jamais parler de
bonne foi ; s'il exprime les sentimens les plus

louables, s'il raisonne d'après les principes les plus invariables, s'il oppose les conseils de la sagesse à toutes ces mesures violentes qui tiennent l'État dans une dangereuse agitation ; ce ne sont que de vaines apparences : ces opinions *ne paraissent dans l'intérêt de la royauté* que parce que ceux qui les ont prononcées veulent conserver leur part d'un pouvoir qu'on n'exerce plus aujourd'hui qu'au nom du Roi.

Je ne connais personnellement ni les ministres, ni les autres fonctionnaires dont M. Fiévée parle avec une légèreté qu'on pourrait, sans injustice, taxer d'impertinence ; ce sont les principes de cet écrivain que je trouve révoltans et dangereux ; comme il a un moment de vogue , j'ai voulu opposer quelques idées saines et positives à son fatras idéologique, et à la témérité de ses assertions. M. Fiévée est tout fier du bruit qu'il fait ; mais il ne faut pas qu'il s'y trompe, il est resté obscur : le bruit, dit un auteur ingénieux, ne chasse pas l'obscurité, mais la gloire est comme la lumière.

Pour en revenir aux sentimens de M. Fiévée,

il est évident que s'ils étaient adoptés par les membres des deux chambres, jamais il ne pourrait exister d'union et d'harmonie entre elles et le Gouvernement. Si dès qu'un homme est placé dans l'administration il devenait par-là même suspect aux administrés, comment pourrait-on parvenir à établir la confiance si nécessaire au maintien de l'ordre? Ce ne seraient donc plus les actions et les opinions, mais la position des hommes qu'il deviendrait nécessaire d'examiner. Est-il difficile d'apercevoir les conséquences de ce principe. Il tendrait à investir *le pouvoir démocratique* de M. Fiévée, c'est-à-dire la chambre des députés, du droit de contrôler les choix du Gouvernement, et de désigner les personnes dignes de sa confiance. Quel vaste champ pour l'intrigue, et pour ceux « qui ne sont pas payés »! M. Fiévée nous a révélé son secret lorsqu'il a dit : « Il y a de l'argent au fond de tout ce qu'on écrit ». Il y a quelque chose de plus au fond des écrits de cet auteur; il y a de l'anarchie, et heureusement de l'absurde.

Lorsque le Roi honore de sa confiance l'un de ses sujets, il me semble que ce choix est déjà un préjugé favorable à l'individu qui en est l'objet ; il suppose que le Gouvernement a reconnu dans cet homme les qualités, les lumières et la probité nécessaires pour exercer les fonctions auxquelles il est appelé. Je ne voudrais pas qu'on adoptât sans examen et sans discussion, tout ce qu'un tel homme pourrait proposer, s'il était membre de la chambre des députés ; mais je crois qu'il ne résulterait aucun inconvénient de l'écouter sans prévention, et de ne pas lui faire un crime d'occuper une place qui exige du mérite et du talent. Je crois que tout homme raisonnable, *payé* ou *non payé*, sera de cet avis.

Veut-on savoir comment la France pourrait être sauvée par un changement notable dans les mœurs ? M. Fiévée, qui ne doute de rien, va nous l'expliquer. « Elle sera sauvée le jour où il se trouvera à la tête des affaires des hommes en état de comprendre qu'il faut mettre *ceux qui payent* au-dessus de ceux *qui sont payés* ». Voilà une très-belle découverte et un secret merveilleux pour sauver la France. C'est à des axiomes de cette force que nous devons la dissolution de la société et les excès révolutionnaires qui ont surpassé en atrocité tout ce que l'imagination la plus ardente aurait pu concevoir. On a suffisamment bercé le peuple *qui paye* de ces idées de supériorité qui, en rompant tous les liens de la subordination, l'ont précipité dans la plus honteuse servitude. Les administrateurs, les magistrats, les ministres de la religion sont payés, c'est-à-dire, ils reçoivent le prix légitime de leurs utiles et indispensables travaux. Cette juste indemnité est-elle un motif suffisant pour affaiblir la considération attachée à leurs fonctions, et pour les dégrader aux yeux de leurs concitoyens. Est-ce donc en soulevant une partie de la société contre l'autre, que M. Fiévée prouvera la pureté de ses intentions et son attachement à la cause royale. Faudra-t-il lui répéter sans cesse qu'il est dangereux d'irriter les passions des hommes, et de rentrer dans les voies révolutionnaires ?

A l'occasion de la proposition de faire payer les quatre premiers douzièmes des contributions de 1816 sur les rôles de 1815, mesure commandée par une nécessité impérieuse qui fût bien sentie par la chambre des députés,

M. Fiévée pense « qu'on aperçût d'un *certain* côté une *certaine* impatience de l'indépendance de la chambre, et une *certaine* jalousie des talens réels qui s'y développaient ». Toujours des insinuations tendantes à exciter des jalousies et des ressentimens. Les personnes qui jugent sainement les choses, n'ont jamais douté des bonnes intentions de la chambre, et rendent justice aux talens distingués qu'elle renferme. Elle est, comme je l'ai déjà dit, généralement composée d'hommes sincèrement attachés à la royauté et à leur patrie; mais qui ont peu d'expérience, et qu'un enthousiasme faux ou véritable trouve quelquefois sans défense. Elle contribuera réellement au bonheur de la France, si elle se renferme dans les bornes constitutionnelles qui lui sont prescrites; si elle demeure inaccessible aux flagorneries des intrigans, aux petites passions qui soulèvent quelquefois de grands orages, à des préventions injustes, et à la turbulence de quelques orateurs. Oui, députés des départemens, de votre modération et de votre sagesse dépendent en grande partie les destinées de la France; vous n'êtes point placés dans des circonstances ordinaires; l'État a besoin de repos, le Gouvernement a besoin de crédit et de stabilité. Justement investis de la confiance de vos concitoyens, ils attendent de vous des vertus; s'il le faut même, des sacrifices. N'en doutez point; des hommes, froidement égoïstes, calculent déjà les fautes que vous pouvez commettre, même par enthousiasme et par excès de zèle; ils cherchent à semer des germes de discorde entre vous et les plus fidèles serviteurs du Roi, parce qu'ils savent que l'union, entre toutes les branches du pouvoir, sera le salut de la France, et qu'ils soupirent après de nouvelles révolutions. Songez à votre gloire, à votre patrie; si vous veniez jamais à oublier ces grands intérêts, vous seriez sans excuse aux yeux de l'inexorable postérité (1).

M. Fiévée prétend « qu'on lui fait l'honneur *de le lier* à la majorité de la chambre ». Cela

____

(1) *J'écrivais ceci pendant que tout ceci se passait;* c'est-à-dire au moment où la dissolution de cette chambre était prononcée. Je ne change rien à mes réflexions, et je les adresse à la nouvelle chambre, qui évitera sans doute avec plus de soin les écueils qui environnent les assemblées délibérantes.

serait fâcheux pour cette majorité ; mais heureusement il n'y a que M. Fiévée qui puisse
affirmer une chose pareille. Celui qui *a été lié*
à l'usurpateur par *des liens* peu honorables, ne
peut avoir rien de commun avec les hommes
exempts de tout reproche, qui composent, je
ne dirai pas la majorité, mais la chambre entière des députés. La vanité se donne souvent
une importance imaginaire; mais le public se
moque des prétentions ridicules. On s'en méfie
toujours, dès qu'elles sont le produit de l'amour-
propre et d'un intérêt personnel. On permet à
peine un tel oubli des convenances au char-
latan qui vante la vertu de ses drogues et les
merveilles de son art.

J'ai dit que je reviendrais sur les administrations provinciales; M. Fiévée m'y invite lui-
même, en rappelant encore, à propos d'un
discours de M. de Villèle, « les libertés des
communes et les priviléges des provinces ».

J'ai déjà prouvé par des raisonnemens qui
n'admettent point de réplique raisonnable,
que l'établissement des assemblées provinciales
qui auraient pu autrefois produire d'heureux
effets, ne se trouveraient point aujourd'hui en

harmonie avec les nouvelles institutions qui garantissent suffisamment la liberté publique. Si l'on donnait aux conseils généraux de département une autorité administrative, indépendante de l'administration générale, il se formerait bientôt dans chacune de ces sections du royaume une puissance olygarchique, qui tendrait à une entière indépendance, et déconcerterait souvent les plus sages mesures du Gouvernement. Qui oserait assigner des limites à l'usurpation de ces nouveaux pouvoirs; et s'ils devenaient tyranniques, s'ils obéissaient à des préjugés et à des passions malfaisantes, qui défendrait les citoyens de l'oppression ? Est-ce donc un système d'indépendance d'une part, et de servitude de l'autre, que M. Fiévée veut établir. Tous les Français, propriétaires ou non-propriétaires, n'ont-ils plus des droits égaux à la liberté civile et à la protection des lois ?

Ceux qui ont parcouru les pages de notre histoire savent dans combien de circonstances les assemblées d'États ont embarrassé la marche du Gouvernement, et suscité d'inquiétudes à l'autorité. M. Fiévée réclame les priviléges des provinces. Quels sont donc ces priviléges? Une province aura-t-elle encore des priviléges différens de ceux d'une autre province? Ce qui composait la partie essentielle de ces priviléges, je veux dire, la sûreté des personnes et des propriétés, la juste distribution des impôts n'est-il pas consacré dans la Charte constitutionnelle, qui définit et qui protége les priviléges, non d'une province, mais de la nation toute entière.

Si les conseils généraux sont indépendans, c'est-à-dire, s'ils ne sont soumis à aucune inspection, à aucune surveillance, s'ils ne doivent compte à personne de leur gestion, alors vous établissez autant de républiques indépendantes qu'il y aura de conseils généraux de département dans le royaume ; vous manquez le but essentiel que tout législateur doit se proposer, qui est de diriger toutes les branches d'une grande administration vers un centre d'unité, afin d'écarter les obstacles, les frottemens, et de pouvoir agir au besoin avec la plus grande énergie possible. On parle des libertés des communes. Serions-nous réduits à cet état de barbarie où une partie de la nation opprimait

l'autre, et bravait impunément l'autorité suprême? Alors l'affranchissement progressif des
communes fut un bienfait de nos Rois, bienfait dont nous ne devons jamais perdre la mémoire. Aujourd'hui le peuple entier est libre,
et sa liberté a surtout pour égide le pouvoir
royal duquel découle ce qu'on nomme impro-
prement les autres pouvoirs, et qui ne sont
que des fonctions circonscrites et déterminées
par les lois.

Qui ne voit que le résultat de tous les projets
de M. Fiévée est de renverser les institutions
nouvelles, de détruire la Charte, et de soumettre le peuple à une espèce de pouvoir aristocratique dont l'existence affaiblirait l'autorité
royale, et nous ramènerait par degrés au despotisme des corporations et aux insupportables
vexations du régime féodal.

Mais ces projets sont insensés. C'est la force
physique, autant que la supériorité morale,
qui retient dans l'esclavage des peuples ignorans et malheureux. Ces différences n'existent
plus. Le progrès des arts et des lumières a
rendu la force physique inutile, et a distribué
plus également les forces morales. Vouloir re-

venir à un état de choses incompatible avec nos mœurs, nos habitudes, nos intérêts, c'est vouloir préparer à la France de nouvelles catastrophes, c'est vouloir renoncer à toute espérance de paix et de bonheur. Conservons religieusement cette Charte inspirée par la sagesse, et dictée par la raison. Tant qu'elle sera respectée, nous n'aurons à craindre ni le retour de la servitude, ni les tentatives des factions, et la liberté publique fleurira à l'abri du trône.

CHAPITRE V.

Amnistie. — Evasion de M. de Lavalette.

La loi d'amnistie produisit de longs et vio-
lens débats. On devait s'y attendre. Les plaies
faites à la France par le succès passager de
l'usurpation saignaient encore ; et tous ceux
qui avaient réellement contribué , ou qui
étaient soupçonnés d'avoir contribué à ce dé-
plorable succès, excitaient l'indignation et la
haine. On savait que des propositions d'une
sévérité outrée , et qui n'admettaient d'excuse,
ni pour la faiblesse, ni pour l'erreur, devaient
être présentées à la chambre des députés , et
l'on craignait que la fougue de quelques orateurs n'entraînât l'assemblée, et n'influât même
sur le Gouvernement. Dans cet état de choses,
tous les regards se tournaient vers le Roi, qui
avait été le plus grièvement offensé , mais
dont l'inépuisable clémence était connue , et
dont l'âme vraiment royale est inaccessible aux
passions qui s'agitent au-dessous du trône. Ce
fut donc avec un juste sentiment de confiance

qu'on apprit que les ministres avaient présenté à la chambre un projet de loi destiné à calmer toutes les craintes et à rétablir la sécurité. On supposait avec raison que dans une occasion aussi importante et aussi solennelle, les ministres ne pouvaient être que les organes de la volonté royale ; car au Roi seul appartenait le droit de pardonner. Ici commence véritablement la lutte de la chambre avec le Gouvernement. Cette assemblée ajouta au projet de loi des amendemens qui auraient grossi d'une manière effrayante le nombre des exceptions, et qui tendaient à remettre en vigueur le principe de la confiscation, depuis long-temps rejeté par l'humanité et la justice. M. Fiévée admire beaucoup ces amendemens; cela est dans l'ordre. Mais les hommes raisonnables pensèrent différemment; ils s'aperçurent qu'un enthousiasme irréfléchi avait dicté la plupart des changemens qu'on avait fait subir au projet de loi, et ils eurent l'occasion de vérifier cette vérité : que les individus se laissent fléchir, mais que les corps sont inexorables.

Il y eut de part et d'autre des concessions qui empêchèrent une scission ouverte. Toute idée de confiscation et d'extension impolitique de rigueur, fut abandonnée ; et l'exil des ex-conventionnels, qui avaient contribué par leur vote à la mort du malheureux Louis xvi, et qui avaient passé sous les bannières de l'usurpation, parut satisfaire la chambre des députés. Le départ de ces apôtres de l'anarchie soulagea la France d'un pesant fardeau ; le souvenir d'un horrible attentat repoussait l'intérêt qui s'attache au malheur ; il semblait que l'affreux génie des révolutions s'éloignait avec eux.

M. Fiévée disserte longuement sur le droit d'amnistie, et cite à ce sujet plusieurs passages extraits d'un ouvrage de M. Burke. Je veux me donner à mon tour le plaisir d'une citation. Je ne doute point qu'on ne relise avec intérêt la réponse que fit Henri iv, en 1594, aux députés de la ville de Beauvais.

« Messieurs, puisqu'il a plu à Dieu m'appeler en cette dignité royale que je tiens aujourd'hui, et m'établir en icelle son lieutenant, pour régir et gouverner son peuple français, je veux en tout et partout l'imiter ; et comme il n'est pas Dieu de vengeance, et oublie les offenses à lui faites par nous autres, en se réconciliant à lui; aussi, veux-je, mes amis, oublier tout ce qui a été fait par vous, et autres mes sujets, fait à l'encontre de moi, combien qu'ils m'aient tant offensé que de vouloir attenter à ma propre personne, et s'allier à des princes étrangers, et miner moi et mon Etat; vous remettant tout ce qui pourrait avoir été dit à l'encontre de moi et mon Etat, sans que jamais il me souvienne de vos délits passés.

» Je prie Dieu de vous pardonner comme moi je vous pardonne, et de ne me jamais aider, si jamais je m'en souviens autrement, et que j'en prenne vengeance générale ou particulière. Je vous prie, mes amis, considérez ma douceur et clémence qui ouvre ses bras pour vous recevoir comme mes sujets et serviteurs. Reconnaissez votre Roi légitime, et non bâtard, que Dieu vous a donné, afin qu'il vous gouverne avec telle douceur, qu'à jamais Dieu soit béni et loué, que vous et nous ne retombions en ces misères passées où il est journellement blasphémé, sa crainte mise sous pieds, son honneur offensé par les violences, brûlemens, et autres cruautés et méchancetés, lesquelles la guerre a amenées ; et si elle durait encore long-temps, vous verriez le pauvre peuple français en telle ignorance, qu'il perdrait du tout la connaissance de Dieu, et la mémoire de le servir et honorer ; au lieu qu'autrefois on a vu de tout temps les Français passer les autres nations, soit en vertu, soit en armes, par les bonnes instructions que mes ancêtres, rois de France, leur ont fait donner. J'établirai de si bons précepteurs à toute la jeunesse française, que l'honneur en volera jusqu'aux confins de l'Inde. Je n'ai d'autre désir que votre grandeur, et vous pouvez vous assurer que mon travail sera pour vous agrandir et vous faire fleurir sous mon règne.

» J'ai vu ce matin les articles de votre traité, lesquels j'ai signé, et vous prie de les recevoir selon ma volonté, déclarée en marge de chacun d'iceux, sans vous arrêter que je n'ai limité que trois lieues à l'entour de vous, où j'ai défendu l'exercice de la religion prétendue réformée, et que vous ne deviez vous formaliser, eu égard que vous savez bien que j'ai affaire à beaucoup de personnes, et qu'il faut que je contente un chacun.

» J'ai en mon royaume de Navarre deux provinces joignant l'une l'autre, séparées d'une forte rivière, en l'une desquelles ne s'est jamais fait pendant mon règne aucun prêche, et dans l'autre ne s'y est jamais dit aucune messe, sans que pour cela les habitans de l'une et de l'autre se fussent jamais fait tort d'un sol l'un à l'autre. Et si, ai telle justice en mes armées que j'ai menées, que jamais mes soldats n'ont pillé un homme, et les peuples passent en telle sûreté, qu'ils ont porté leur argent à la main; et quand j'aurai tout réduit, vous verrez mes deux royaumes vivre en toute concorde, la justice si bien réglée, qu'on ne fera durer les procès éternellement. En mon pays de Béarn, j'ai si bien réglé les juges, que les plus longs procès ne durent que trois mois au plus, et ne sont si hardis que de prendre épices qu'à la plus juste raison possible, ce qui est chose bien agréable au peuple. Et quand mon Etat sera paisible, ce sera la première chose où je mettrai la main, connaissant bien que le plus grand soulagement au temps de paix est la justice bien établie sur vous.

» Vous demandez que n'ayez aucun gouverneur, ni garnison, et qu'il ne soit bâti en votre ville et faubourg château, citadelle et forteresse. Je vous promets que vous n'aurez autre gouverneur que votre capitaine, selon que vous avez eu de tout temps, et n'aurez autre garnison que celle que vous voudrez vous-mêmes, et ne veux autre château, citadelle ou forteresse, que le cœur de vous autres, lequel étant bien remis à mon service, j'estime qu'il sera impossible à mes ennemis de l'ébranler.

» Mes amis, je suis marri qu'il faut qu'il vous soit reproché que vous avez mis ma ville de Beauvais entre les mains de l'Espagnol, mon capital ennemi. Ne deviez-vous pas connaître qu'il faut qu'il soit chassé de France? Et cette belle couronne de préférence que vous avez perdue, il faut que d'autres l'aient gagnée sur vous, qui de tous temps avez été renommés d'être si fidèles à vos Rois. Je déplore pour vous ce reproche, et suis marri si n'avez emporté cette gloire. Toutefois je vous prie de la regagner par bons services; ayez souvenance de ma clémence et miséricorde, et que je n'aie occasion de vous haïr. Mes amis, acceptez ce que je vous offre; car je sais bien reconnaître les bons et les méchans. Ceux qui m'ont essayé vous le témoigneront. Je suis bon Roi, et ne me laisse commander par mes sujets, comme mes prédécesseurs; ains leur commande, et veux qu'ils m'obéissent. Le feu Roi craignait les siens, et en avait peur; moi, je ne les crains ni redoute, et n'ai peur d'eux ni de mes ennemis; et c'est la maladie dont j'ai été guéri dans l'origine.

» L'on vous a fait entendre qu'ès villes qui se sont rendues sous mon obéissance, j'ai chassé tous les habitans, et ruiné tous leurs moyens. Tant s'en faut; je n'ai mis autres personnes dehors que celles que les habitans m'ont importuné de faire, faisant entendre en leur présence que s'ils demeuraient, ils seraient toujours en trouble et sédition; toutefois, ce n'a été que pour trois mois, après lesquels passés, ils pourront retourner avec leurs femmes et leurs biens, et les ai pris en ma sauve-garde. La preuve en est entr'autres dans la ville de Mantes.

» Lorsque j'entrai à Paris, vous savez que je pardonnai à tous les sujets, et leur permis de demeurer, s'ils le voulaient, ou de se retirer ès lieux de mon obéissance. Il n'a été tenu un petit que Boucher, prédicateur, que l'argent espagnol poussait ; vous me demandez que je ne fasse sortir personne de Beauvais. Je vous le promets, et pardonne à ceux qui m'ont offensé ; et si Gaudin (il avait été le maire de Beauvais) veut me connaître pour son Roi, je le reconnaîtrai pour mon serviteur, et, sous sa fidélité, je l'embrasserai, et recevrai en ma protection ».

J'invite M. Fiévée, qui aime les méditations, à méditer sur ce monument de modération et de clémence royale ; il y apprendra comment la fermeté s'allie à la douceur, comment on ménage les intérêts en condamnant les principes, et de quelle manière on termine les révolutions.

Pendant les débats sur la loi d'amnistie, il fut facile de s'apercevoir que les membres de l'assemblée, les plus connus par leurs principes anti-constitutionnels et par l'exagération de leurs idées, commençaient à prendre de l'ascendant, et qu'ils ne pardonnaient point au ministère, qui, dans l'intérêt du Roi et de la France, résistait à un entraînement dangereux, qui cherchait à désarmer les passions et à rétablir le règne des lois.

Dans ces circonstances, l'évasion de M. de Lavalette vint surprendre et occuper les esprits. Cet événement, accompagné de circonstances singulières, fut diversement envisagé, suivant les opinions et les sentimens personnels. Cette évasion n'eut d'importance politique que celle qu'on lui donna. Elle servit de prétexte aux déclamations de quelques exagérés. Il semblait, à les entendre, que tout était perdu, parce qu'un homme destiné au supplice s'était sauvé.

M. de Sesmaisons, que ni la nature, ni l'art n'ont qualifié pour la tribune, fit à ce sujet une expérience hasardeuse, que, dans l'intérêt de sa réputation, ses amis l'empêchèront sans doute de répéter. Il appela la France entière au secours de son éloquence. « La France indignée, dit-il, doit connaître les criminels ». Enfin il conclut à ce que les ministres, chargés du portefeuille de la justice et de la police, *fussent tenus* de donner des éclaircissemens à la chambre.

M. de Bouville, qui n'était pas un instrument, enchérit encore sur son honorable collègue ; il épuisa toutes les ressources de l'art oratoire pour alarmer les esprits , et pour enflammer les imaginations ; on eût dit, à l'entendre, que M. de Lavalette avait emporté dans sa chaise de poste les destinées de la France. Il prétendit « que la nation veillait sur lui, pour qu'il ne se dérobât pas à la vengeance de la loi ». Enfin il proposa de nommer une commission chargée de recueillir tous les détails, et *d'examiner la conduite des ministres.*

La raison trouva quelques interprètes dans cette discussion ; mais leur voix ne fut pas entendue. La chambre fit la faute de prendre en considération la proposition de M. de Sesmaisons. Ce triomphe fut incomplet ; la proposition expira dans les bureaux.

La précipitation de la chambre ne laissa plus de doute sur les intentions de ce que M. Fiévée appelle *la majorité.* On vit clairement que cette majorité s'organisait en faction, et que pour parvenir à ses fins, elle chercherait à se fortifier par l'envahissement de l'autorité royale, et que les ministres devaient se préparer aux affronts *de la barre.*

Je voudrais bien que M. Fiévée, qui trouve « que la proposition de M. de Sesmaisons n'allait point au-delà du but », m'indiquât l'article de la Constitution qui confère à la chambre des députés le pouvoir de s'immiscer dans les affaires du Gouvernement. S'il n'y avait pas de Roi en France, je concevrais cette prétention. Les attributions de la chambre sont fixées. Si elle sort une fois de ces limites constitutionnelles, il n'y a point de raison pour qu'elle ne s'empare successivement de tous les pouvoirs. C'est à cette usurpation que tendaient les vœux et les espérances des *exagérés* de l'assemblée. Ils sentaient qu'ils ne parviendraient jamais à faire adopter leurs systèmes de désorganisation, tant que le Gouvernement conserverait assez d'autorité pour réprimer leurs entreprises.

CHAPITRE VI.

Projet de Loi sur les Élections. — Propositions en faveur de la Religion.

Les ministres, en présentant dans cette session un projet de loi sur les élections, commirent une faute dont ils ne tardèrent pas à se repentir. Cette mesure était inutile ; et en politique tout ce qui est inutile est nuisible. Les conditions d'éligibilité, le renouvellement de la chambre, ainsi que ses attributions, étaient déterminés par la Charte constitutionnelle. La prudence défendait de soumettre aux délibérations de l'assemblée ce qui devait paraître irrévocablement fixé. C'était exposer la chambre à la tentation de sortir de ses limites, et d'essayer ses forces, en attaquant les lois fondamentales de l'Etat. L'organisation seule des colléges électoraux aurait pu faire l'objet d'une loi ; mais ces mesures organiques devaient être rédigées de manière à mettre les dispositions de la Charte à l'abri des innovations. Ces réflexions ne s'offrirent point à l'esprit des ministres. On demandait une loi sur les élections; ce fut le 18 décembre que M. de Vaublanc présenta le projet ministériel. La chambre le reçut avec froideur, et le renvoya, suivant l'usage, à une commission.

Cette commission regarda le projet de M. de Vaublanc comme un simple canevas, et sous le prétexte spécieux de faire des amendemens, elle le refondit presqu'en entier, et l'amenda de telle sorte, qu'il n'était plus reconnaissable. Jamais projet de loi ne fut plus maltraité.

Lorsqu'il fut soumis à l'examen de la chambre, il excita d'ennuyeux débats. Chaque orateur se crut obligé de disserter longuement sur la nature du système représentatif, et fit parade d'une érudition récemment acquise. M. de Bonald fut le seul qui, contre son ordinaire, égaya la discussion par des remarques ironiques, dont le sel, quoiqu'un peu âcre, satisfit le goût de l'assemblée. M. Michaud, qui avait lu avec fruit la correspondance de M. Fiévée, ne croyait pas que le moment favorable fût arrivé de faire une bonne loi sur les élections. La chose lui paraissait impossible dans l'état actuel de la France.

« En jetant les yeux sur l'état présent de la société, s'écria froidément cet orateur, je ne vois *aucune des institutions* auxquelles une bonne loi pourrait se rattacher. Nous trouvons en France vingt-cinq millions d'individus; mais *aucune classe* de citoyens; nous voyons partout des hommes former des partis pour défendre des opinions et des systèmes; mais nulle part *des corporations* formées pour défendre de *véritables intérêts*. Il est aisé de suivre sur une carte géographique les divisions de notre territoire; mais on ne voit dans nos départemens que le nom des fleuves et des rivières qui puissent nous rappeler les souvenirs de la France. Les habitudes populaires, *les usages* des provinces, cet esprit *d'administration locale*, qui était un sentiment de patriotisme; *cet esprit de corps*, qui était presque toujours un sentiment d'honneur; tout ce qui servait à réunir les hommes, et les faisait marcher ensemble vers un but commun, tout ce qui constituait la force morale de la patrie, s'est dissipé comme l'ombre; il ne nous reste plus, si j'ose parler ainsi, que le matériel de la société; il ne nous reste plus que des terres et des maisons,

je veux dire la propriété. Dans cet état de
choses, ne doit-on pas plaindre le législateur
qui est obligé de *reconstruire* l'édifice social, et
qui se trouve sans cesse condamné à bâtir sur
des ruines et avec des ruines ».

Ce n'est pas sans motif que j'ai accordé les
honneurs de la citation à ce passage du discours
de M. Michaud. Cet homme de lettres, qui, je
crois, n'avait pas encore abordé la tribune,
était en cette occasion l'organe du parti qui
veut à toute force *refaire la nation*. Ce parti,
qui a trop souvent entraîné l'assemblée dans
de fausses mesures, ne pouvait choisir un interprète qui s'exprimât avec plus de précision
et de clarté. Le passage cité est le résumé fidèle
des doctrines qu'on a jusqu'ici vainement essayé de mettre en crédit. On y retrouve tous
les vœux et toutes les pensées de M. Fiévée, le
classement des citoyens, les corporations, le
retour aux anciens usages, les administrations
provinciales, l'esprit de corps, et la recon-
struction de l'édifice social. Ce dernier point
surtout annonçait les projets du parti. La constitution de la société est en termes métapho-
riques l'édifice social. Les nouveaux architectes,

7

avant de mettre la main à l'œuvre et de reconstruire, voulaient donc nous débarrasser de la
Charte constitutionnelle. La chambre, qui or-
donna l'impression du discours de M. Michaud,
se rendit en quelque sorte complice de la désorganisation projettée. On a remarqué que
cette assemblée a toujours prêté une oreille
attentive et complaisante aux insinuations
anarchiques de quelques-uns de ses membres.
Cette indulgence était un présage menaçant
pour l'avenir.

M. Michaud s'était mis de lui-même hors de
la discussion, qui paraissait ne devoir jamais
finir. Elle durerait peut-être encore, si la
fatigue et l'ennui n'avaient été plus forts que
la patience de l'auditoire et la vanité des dis-
sertateurs. On en vint à la délibération, et le
résultat apprit ce que personne n'ignorait ; je
veux dire, que la majorité de la chambre était
prête à traiter l'Etat comme un malade dont la
constitution était usée, et à lui faire subir de
nouvelles expériences. Pour mieux réussir dans
cette entreprise, elle résolut d'assurer son indépendance, et fit disparaître du projet de loi la
disposition relative au renouvellement annuel.

par cinquième, disposition qui ne faisait que rappeler l'article 37 de la Charte.

Il était impossible de justifier un acte aussi téméraire, autrement que par des sophismes. Le rejet d'une disposition aussi essentielle ne pouvait être regardé comme un amendement ; il dénaturait entièrement la loi, et substituait un nouveau projet à celui qui avait été présenté par le Roi. C'est ici qu'il convient d'examiner et d'éclaircir l'importante question de l'initiative, sur laquelle on a tant raisonné et déraisonné.

La Charte dit en propres termes, « le Roi propose la loi ; les chambres ont la faculté de supplier le Roi de proposer une loi sur quelque sujet que ce soit, et d'indiquer ce qui leur paraît convenable que la loi contienne ».

Il résulte de ces deux dispositions, que l'initiative, considérée d'une manière absolue, fait partie de la prérogative royale, puisque le Roi est censé proposer la loi, même quand le projet émane de l'une ou de l'autre chambre. Cependant la faculté de supplier le Roi de proposer une loi, en indiquant le dispositif de cette même loi, peut être regardée comme une sorte d'initiative. Il n'y a point d'inconvénient à la considérer sous cette vue. La confusion des pouvoirs commence, lorsqu'une chambre se sert d'une de ses attributions pour arrêter l'action de la prérogative royale.

On a dit que la chambre des députés avait usurpé l'initiative attribuée au Roi. La chose est évidente. Prenons pour exemple le projet de loi sur les élections. Il s'y trouvait quatre dispositions principales : les deux premières étaient relatives à la composition des colléges électoraux de canton et de ceux de département; la troisième réglait l'âge que devaient avoir les personnes choisies pour députés; la quatrième consacrait le renouvellement annuel de la chambre par cinquième.

L'assemblée, en faisant disparaître ces quatre principaux articles, et y substituant de nouvelles dispositions qui formaient un nouveau projet, se mettait évidemment à la place du Roi; ce n'était plus la pensée royale qui se trouvait exprimée dans le projet; c'était la pensée de la chambre. L'objet sur lequel l'initiative du Roi s'était exercée n'ayant plus d'existence, il était privé de l'initiative; cette prérogative de la couronne avait passé toute entière dans la chambre des députés.

Dira-t-on que les changemens dont je viens de parler sont des amendemens; mais amender ou améliorer n'est pas détruire; l'amendement même suppose que la proposition existe, mais qu'elle a subi des modifications.

Le projet de loi sur les élections ne fut point amendé; il fut anéanti. Cette atteinte, portée à la constitution, rappelait les temps de nos premières assemblées délibérantes, et réveillait des craintes qui ébranlaient la confiance dans le Gouvernement. Les regards se tournaient vers la chambre des pairs; cette noble assem— blée ne se laissa point séduire par de vaines déclamations. Elle eut le courage de rejeter le projet de loi, tel que la chambre des députés l'avait fait; et cette sage conduite, en répri— mant des tentatives audacieuses, servit à ras— surer les amis de l'ordre et de la royauté.

M. Fiévée, dans ce qu'il nomme l'*Histoire de la session de* 1815, fait à peine mention de la chambre des pairs. Cependant, elle a rendu d'éminens services pendant cette époque. Elle s'est montrée supérieure à la chambre des députés, non-seulement par le talent de la parole et l'étendue des connaissances positives ; mais encore par le calme et la sagesse de ses déli-bérations. Toujours prête à accueillir les pro-positions qui avaient un but évident d'utilité publique, cette assemblée a repoussé tout ce qui pouvait tendre à troubler l'harmonie de la société, et à multiplier les embarras du Gou-vernement, à une époque où il avait tant d'obs-tacles à surmonter pour établir l'union et la confiance. Sa marche a été franche et assurée ; elle n'a point cherché à irriter les passions, en réveillant des souvenirs pénibles qui ne nous rendraient pas ce que nous avons perdu, et qui nous empêcheraient de jouir de ce que nous avons acquis.

La prudente réserve de la chambre des pairs ne parut jamais d'une manière plus remar-quable que dans la discussion sur les propo-sitions relatives au clergé. Il s'agissait, entre autres choses, de mettre le clergé en possession des bois non vendus, qui, d'après la loi sur les finances, en 1814, avaient été affectés comme hypothèque spéciale aux créanciers de l'Etat.

On sentait depuis long-temps la nécessité

d'améliorer le sort des ecclésiastiques, surtout celui des curés de campagne, dont le ministère de paix et de charité est si utile aux mœurs, et donne un caractère si touchant à la religion. L'intérêt, pour ces dignes pasteurs, était encore fortifié par leur résignation évangélique dans le malheur, et par l'attachement qu'ils avaient toujours manifesté en faveur de l'auguste famille de Saint Louis. On savait que le Roi, fils aîné de l'Église, était vivement touché de la situation des ecclésiastiques, et qu'il s'occupait des moyens de venir à leur secours, de manière à concilier leurs intérêts avec ceux de l'Etat, que lui seul pouvait connaître dans toute leur étendue. Les ministres de la religion, tranquilles sur leur destinée future, élevaient au ciel leurs prières pour la conservation du Roi légitime, lorsque quelques orateurs de la chambre des députés, trop empressés de se rendre populaires, prirent l'initiative; et sans considérer les besoins pressans de l'Etat, proposèrent d'abandonner au clergé les seules ressources qui restaient au Gouvernement pour subvenir à des dépenses indispensables, et pour asseoir le crédit public.

Cette proposition prêtait beaucoup aux effets de la tribune ; il fallait peu de talent pour toucher les cœurs, en présentant un tableau exagéré de la situation des ministres de la religion. Un triomphe si facile réveilla l'attention des orateurs, et particulièrement celle de M. Roux de Laborie, qui jusqu'alors avait paru livré à des intérêts d'un autre genre. Cet avocat fut nommé rapporteur de la commission à laquelle fut renvoyée la proposition relative au clergé.

En lisant les rapports de M. Roux de Laborie, ses amis reconnurent un homme qui venait de parcourir ses cahiers de rhétorique, et qui avait voulu faire un essai d'amplification. Les indifférens s'aperçurent que l'orateur n'était pas pénétré de son sujet ; et de ces deux jugemens, il en sortit un troisième ; savoir, que M. Laborie n'aurait pas dû quitter le barreau pour la tribune. En effet, le barreau supporte avec indulgence les déclamations ; mais la tribune plus sévère exige des pensées solides et les vues d'un homme d'Etat.

Sous ce dernier point de vue, il était impossible de justifier la proposition en faveur de laquelle plaidait M. Roux de Laborie. Elle supposait d'abord que le clergé formait comme autrefois un corps politique dans l'Etat. Cette supposition ne pouvait soutenir le plus léger examen. Dans nos institutions actuelles, nous concevons que les ministres de la religion puissent séparément recevoir des donations ; mais nous ne voyons nulle part un clergé organisé en corps ; et toutefois, cette organisation serait nécessaire pour qu'il eût, en cette qualité, des intérêts temporels communs à surveiller ; intérêts qui ne sont pas toujours d'accord avec ceux de la religion dont ils sont spécialement chargés.

On fut étonné de la liaison intime que certains orateurs établirent entre le sort de la religion et la prospérité temporelle de ses ministres. Personne n'ignorait que la religion, n'avait jamais eu plus d'éclat et plus d'empire sur les peuples, que dans ces temps de simplicité primitive, où la pureté de la conscience, la régularité des mœurs, la sainteté de la doctrine et le zèle de la charité étaient les seuls trésors de ses ministres. On ne concevait pas comment le clergé français pouvait se croire humilié, tandis qu'en réglant son sort chaque année, on ne le traitait pas autrement que le Roi lui-même dont personne n'a jamais pensé que la majesté fût blessée par la fixation de la liste civile.

Quant à la disposition des biens *dits ecclésiastiques*, on savait qu'en plusieurs circonstances, l'État en avait librement disposé, et que l'on pouvait nommer seulement biens ecclésiastiques ceux qui avaient une destination spéciale; que le clergé, d'après nos institutions, ayant cessé de former un corps politique, ne pouvait rien posséder en commun; et qu'à la dissolution de tout corps politique, les biens dont il jouissait en cette qualité, rentraient nécessairement dans le domaine de l'État.

On n'était pas généralement d'accord sur la nécessité de rendre les ministres du culte propriétaires de biens-fonds. Les soins de leur saint ministère, paraissent une tâche suffisante pour occuper leur temps et leurs méditations. On se souvient encore de cette multitude de procès qui divisaient autrefois les habitans des campagnes et leurs pasteurs;

débats scandaleux, qui affligeaient l'Église et affaiblissaient le respect dû à la religion. Un homme occupé d'intérêts purement temporels conserve difficilement cette abnégation de soi-même, ce désintéressement, cette ferveur de charité, qualités toutes chrétiennes, qui commandent l'estime et la vénération. Les ministres du culte n'ont nul besoin d'être propriétaires pour inspirer la confiance et le respect ; l'exercice des vertus évangéliques, l'accomplissement fidèle des devoirs de leur état, auront plus d'influence sur la morale publique, et leur attireront plus de considération, que les champs et les bois qu'on réclame en leur faveur. Ce n'est ni avec de l'or, ni avec des terres que vous rétablirez le pouvoir de la religion , c'est avec des vertus.

D'après les déclamations de MM. Roux de Laborie, Cardonnel et Castel - Bajac ; d'après l'amertume des plaintes de M. Fiévée à ce sujet, on aurait pu croire que le gouvernement dédaignait de s'occuper des besoins du clergé et des moyens d'améliorer le sort des ecclésiastiques. Cependant, à cette même époque, la sollicitude du Roi s'étendait sur cette classe si

respectable de la société. Dès le 29 décembre
le Ministre de l'intérieur avait proposé d'affec-
ter le produit des extinctions des rentes via-
gères, et des pensions ecclésiastiques, à l'amélioration du sort des prêtres en activité, et des
institutions religieuses; plus tard, un article
de la loi des finances de 1816 augmenta de
cinq millions le traitement annuel du clergé.

Dans la situation pénible où la France est
placée, lorsque tous les citoyens sont appelés
dans leur intérêt particulier, comme dans l'intérêt général, à faire de grands sacrifices pour
remplir les engagemens contractés au nom du
Roi, il était difficile de donner au clergé une
preuve plus évidente du désir de pourvoir à
ses besoins. Les curés des villes et des campagnes, plus à portée que les autres ecclésiastiques de juger l'étendue des sacrifices imposés
à toutes les classes de citoyens, ne se trompèrent
point sur les intentions du Gouvernement. Ils
acceptèrent avec reconnaissance ce qui leur
était accordé, et certains d'un avenir plus
heureux, ils continuèrent leurs bonnes œu-
vres, et signalèrent leur reconnaissance, en
secondant, par l'influence de leurs vertus et

de leurs instructions , les vues paternelles du Gouvernement.

M. Fiévée fait un bel éloge des rapports de M. Roux de Laborie ; il les trouve « riches de faits , brillans de style , et dans quelques parties , d'une éloquence très-haute et très-onctueuse ». Quelques connaisseurs ; qui ne prennent pas leurs opinions dans les journaux, pensèrent autrement. Ces connaisseurs peu nombreux , mais qui jugent souverainement en matière de goût , parce que leur conscience littéraire est incorruptible , décidèrent que les rapports de M. Roux de Laborie étaient verbeux et surchargés de ces lieux communs , seule richesse des pauvres écrivains. La faiblesse des raisonnemens, le défaut de liaisons dans les idées , le luxe indigent du style ne purent échapper à leur censure. Ils trouvèrent surtout singulier que pour appeler l'intérêt sur le clergé , l'orateur commençât par réveiller le souvenir des opulentes dotations des congrégations religieuses , et que ses pieux regrets eussent pour objet principal les monastères et les abbayes.

C'est encore à la chambre des pairs que

nous devons de la reconnaissance dans cette occasion. Cette assemblée, qui a obtenu beaucoup de popularité, sans la désirer ni la craindre, ne se laissa point détourner des voies contitutionnelles par le zèle ardent de quelques orateurs. Elle adopta le principe du projet de loi, et en rejeta les détails : rien n'était plus sage que cette conduite, qui fut généralement approuvée.

Il faut un grand fonds de charité chrétienne pour croire que les auteurs des projets de loi relatifs au clergé fussent précisément animés de sentimens religieux. A l'acharnement avec lequel on combattit pour conserver dans la rédaction le mot *restitution*, certaines personnes, qui jugent rarement sur les apparences, prétendirent que cette tentative annonçait des projets plus sérieux ; et que ces hommes, qui montraient une si vive sollicitude en faveur du clergé, en éprouvaient beaucoup moins pour le repos de l'État et la stabilité du gouvernement. Quelques paroles incendiaires qui tombèrent comme des étincelles, du haut de la tribune, accrurent ce soupçon ; et tout le fruit que recueillirent les défenseurs officieux d'un ministère de paix et de charité, fut de répandre des inquiétudes, et de donner des armes à la malveillance.

M. Fiévée ne pense pas ainsi. Tout ce qui a été proposé dans la chambre des députés lui paraît admirable. Il rappelle souvent avec complaisance ces « témoignages d'estime, ces triomphes qui ont signalé le retour des députés dans leurs provinces ». Les hommes raisonnables attacheront beaucoup moins d'importance que M. Fiévée, à ces triomphes qui annoncent plutôt les mouvemens d'un parti qu'un sentiment national. Ces ovations si pompeusement décrites, n'ont eu lieu que dans quelques parties du royaume; et l'on sait combien il est aisé de séduire et d'entraîner la population des villes en lui offrant l'occasion d'une fête et l'attrait d'un spectacle. On a été surpris que des députés qui avaient tant d'attachement pour la royauté, n'aient pas aperçu ce qu'il y avait d'opposé à l'esprit des institutions monarchiques dans ces pompes et ces honneurs populaires, qui ne peuvent être considérés que comme des réminiscences de la révolution. De quel prix peuvent être aux

yeux d'un fidèle sujet du Roi cet enthousiasme et ces acclamations qui ont été tant de
fois prodigués aux ennemis du trône. Dans
un état monarchique, c'est du Prince seul
qu'il faut attendre des distinctions et des honneurs.

Plusieurs députés ont eu le bon esprit de se
dérober à cet accueil tumultueux si peu flatteur pour un amour-propre éclairé. Quant à
ceux qui s'y sont dévoués, il ne faut pas
mettre trop de sévérité dans les reproches
qu'on peut justement leur faire. Lorsqu'ils
auront acquis plus d'expérience et de lumières,
ils sauront que rien n'est plus équivoque que
ces marques d'approbation, même dans les
républiques; ils penseront alors comme cet
orateur d'Athènes qui, surpris au milieu d'une
harangue par les applaudissemens de la multitude, se tourna vers ses amis, et demanda
froidement « s'il lui était échappé quelque
sottise ».

CHAPITRE VII.

Lois des Finances.

La gravité des maux que le succès passager de la dernière usurpation avait attirés sur notre malheureuse patrie, se fit surtout sentir lorsqu'il fut question de composer une loi de finances, et de pourvoir ainsi aux besoins du présent et de l'avenir. Dans une telle circonstance, on attendait que la plus parfaite harmonie règnerait entre la chambre des députés et les ministres du Roi. Ceux-ci avaient toutes les lumières et les documens indispensables pour connaître les besoins de l'État et les moyens d'y subvenir. On savait qu'il n'est point de loi de finances sur les détails de laquelle on ne puisse disputer; mais on croyait que des hommes, sincèrement attachés au Roi, prendraient en considération les difficultés du moment ; qu'ils reconnaîtraient la pressante nécessité d'assurer le service ordinaire et de satisfaire aux engagemens contractés avec les puissances alliées. On espérait que la modé-

8

ration règnerait dans les discussions, que les orateurs sacrifieraient tout intérêt d'amour-propre au grand intérêt du bien public, et que nulle récrimination, nulle attaque directe ni indirecte ne réveilleraient la défiance, et n'affaibliraient les ressources qu'un Gouvernement légitime doit trouver dans l'amour et le dévoûment des peuples.

Lorsqu'on a contracté des dettes, il faut les payer, sous peine de tuer le crédit qui peut seul fournir les moyens de soulager les contribuables et d'asseoir un bon système de finances. Cette vérité qui ne peut être contestée, avait, en 1814, dirigé le travail du ministre des finances adopté par la chambre. On n'a pas oublié les heureux effets qui en résultèrent immédiatement ; la hausse des fonds publics, la situation florissante du trésor, la sécurité prouvée par le nombre des transactions entre particuliers témoignèrent en faveur de l'habileté du ministre et du bon esprit de la chambre des députés qui existait à cette époque.

Cette chambre n'a pas échappé à la censure de M. Fiévée ; elle s'efforçait de consolider le crédit public, de préparer sans secousse des moyens d'amélioration , de réconcilier tous les Français au nouvel ordre de choses ; il est vrai qu'elle ne pensait ni aux corporations , ni aux assemblées provinciales , ni aux priviléges : c'est un crime que M. Fiévée lui pardonnera difficilement.

M. Fiévée nous permettra de préférer à son opinion celle de M. de Châteaubriant. Le noble pair s'exprime ainsi dans l'ouvrage publié en 1814 que j'ai déjà cité :

« Observez ce qui se passe aujourd'hui dans la chambre des députés ; elle est laissée entièrement à elle-même ; l'influence que les ministres y exercent se réduit à quelques politesses qui ne changent pas le sort d'un député. Eh bien , qu'arrive-t-il ? La majorité suit tranquillement sa conscience ; louant, blâmant ce qu'elle trouve de bon ou de mauvais. Une chose se fait particulièrement remarquer. Toutes les fois qu'il s'est agi d'affaires d'argent, les chambres n'ont pas hésité , le noble désintéressement de la nation s'est montré dans toute sa franchise.

» Les chambres se sont divisées selon les

principes et les idées de chacun. L'opposition ne s'est plus formée de tels ou tels individus; elle a grossi, diminué, grossi encore, sans égard à aucun parti ; on aurait cru qu'il n'y avait pas de ministres, tant on avoit oublié que c'étaient eux qui avaient proposé la loi, pour ne s'occuper que de la loi même. Nous ne connoissons rien de plus propre à honorer le caractère national que la conduite actuelle de nos deux chambres ; on voit qu'elles ne cherchent que le bien de l'État ; généreuses sur tout ce qui touche à l'honneur, attentives à nos droits politiques, elles ont voté l'argent sans opposition, et défendu la liberté de la presse avec chaleur ».

Telle fut l'assemblée qui a mérité les reproches de M. Fiévée et les éloges de M. de Châteaubriant. Cette assemblée, après une discussion approfondie, adopta le budget présenté au nom du Roi par M. le baron Louis.

Comme il est impossible d'inspirer de la confiance à des créanciers sans leur fournir un gage positif, les bois de l'Etat et les biens des communes dont la disposition permettait d'alléger les charges publiques, et pour les-

quels les communes recevaient un dédommagement suffisant, furent affectés comme hypothèque spéciale aux créances reconnues et
liquidées, et des obligations portant un intérêt de 8 pour 100 représentèrent ces valeurs
réelles. Le ministre s'était donné le temps
nécessaire, soit pour racheter ces obligations,
soit pour vendre les biens de l'État de manière
à en disposer le plus avantageusement qu'il
serait possible.

A côté du trésor public se trouvait une caisse
d'amortissement avec un capital considérable,
qui permettait au ministre de dominer l'agio-
tage, de diminuer par degrés la dette publique,
et d'établir un système de finances sur des
bases inébranlables.

Ce projet si bien conçu devint une loi de
l'État; la nation commençait à respirer lorsqu'un génie ennemi du repos et du bonheur
de la France ramena le despotisme militaire
sous les bannières de l'usurpation. Son règne
de cent jours déchaîna les fléaux de la guerre
civile et de la guerre étrangère. Les finances
de l'État furent abandonnées aux caprices et
à la rapacité de la tyrannie. Les capitaux qui

formaient la caisse d'amortissement furent d'abord dévorés; les bois, les terres, les biens des communes, tout aurait été englouti si le temps n'avait pas manqué pour les convertir en lettres de change ou en métaux.

Dans cette position pénible, le ministère chargé de proposer une loi de finances eut pour but parriculier de recueillir les débris de la fortune publique, de rattacher le nouveau plan à l'ancien, et conserva aux créanciers l'hypothèque qu'une loi avait déclarée inviolable. Cette dernière condition était le fondement du nouveau budget.

Cette base fondamentale fut d'abord attaquée par la chambre, et le ministère se vit forcé de l'abandonner. Ce qu'une loi avait consacré fut détruit par des législateurs novices, qui paraissent ignorer que cette succession de lois opposées est le plus sûr moyen d'anéantir le crédit public, et de précipiter les peuples dans l'anarchie.

On leur disait vainement qu'on n'avait pas le choix des ressources, que la vente des bois était le seul moyen de satisfaire aux besoins du moment et à ceux de l'avenir ; que la transmutation de ces propriétés serait avantageuse à l'État ; qu'ils acquerraient plus de valeur entre les mains des particuliers ; que le Gouvernement serait déchargé des frais d'une administration coûteuse et compliquée ; que la contribution foncière en recevrait une augmentation considérable ; que ces ventes, en rassurant toutes les inquiétudes, inspireraient une confiance illimitée, et rendraient au commerce une masse énorme de propriétés dont la désastreuse immobilité diminuait sensiblement les revenus publics.

Ces raisonnemens furent perdus pour la partie de la chambre qui s'était organisée en majorité permanente. Cette majorité, déplaçant tous les pouvoirs, se chargea du ministère des finances, et composa un budget que la chambre des pairs et le Roi lui-même furent forcés d'accepter, afin que les ressorts du Gouvernement ne s'arrêtassent pas tout à coup, et que le corps politique ne tombât pas en dissolution.

Ce sont ces mesures de la chambre que M. Fiévée s'est chargé de justifier ; mais comme cette justification était difficile au tribunal de

la raison , il a mieux aimé s'adresser aux passions qui ne raisonnent guère , et à l'esprit
de parti qui ne raisonne jamais ; il cherche
d'abord à exciter des soupçons et à diviser
les esprits. « Les propriétaires, dit-il , appelés
à leurs frais à la chambre des députés ont
défendu la propriété territoriale et l'industrie :
les membres de la chambre qui ont des places
lucratives dans le Gouvernement et l'administration , n'ont parlé que dans l'intérêt du
fisc ».

Mais, dites-moi, M. Fiévée, lorsque le repos,
l'indépendance , le salut de l'Etat sont attachés
à l'intérêt du fisc, cet intérêt ne devient-il pas
national ? Que dans un Gouvernement despotique, où les déprédations sont protégées par
l'arbitraire, on sépare l'intérêt du fisc de l'intérêt général et particulier, cela se conçoit.
Mais dans un Etat libre, où les dépenses sont
publiquement contrôlées et les malversations
punies, où le sort de chaque individu est lié
à la fortune publique, en quoi l'intérêt du fisc
diffère-t-il de l'intérêt commun ? La majorité
de la chambre a défendu, dites-vous, la propriété territoriale et l'industrie ; mais que de-

viendraient l'industrie, la propriété territoriale, si la marche du Gouvernement était
interrompue, et si le gouffre de l'anarchie
s'ouvrait encore une fois sous nos pas? Croyez-
vous que la liberté publique, la sécurité du
trône, le repos de la société, ne soient pas des
intérêts dignes d'être défendus? Ce que les
Français désirent avec le plus d'ardeur, c'est
que l'ordre actuel s'affermisse, que nos institutions ne soient pas ébranlées, et que le Roi
trouve dans la confiance et dans l'amour de
ses peuples la plus douce récompense de ses
efforts pour les rendre heureux.

CHAPITRE VIII.

Conclusion.

Dans l'examen rapide, auquel je viens de soumettre l'ouvrage de M. Fiévée, je n'ai pu m'attacher à tous les détails; j'ai seulement attaqué les fausses doctrines et les idées principales, qui tendent au renversement de nos institutions. J'ai prouvé que cet écrivain superficiel (1), et suffisant outre-mesure, ne

---

(1) Il nous a donné dans son Chapitre xviiie une singulière preuve d'ignorance. « S'il faut, dit-il, juger les rois avant d'admettre leur buste dans la salle des séances de la chambre des députés, nous pourrions bien n'échapper aux Grecs et aux Romains, que pour tomber *dans les coutumes chinoises* ».

Ici M. Fiévée prend de la meilleure foi du monde une coutume égyptienne pour une coutume chinoise. On se rappelle encore qu'il attribua un jour à Boileau ce vers si connu de Destouches :

« La critique est aisée et l'art est difficile. »

Autrefois on se livrait à des études sérieuses avant de publier des livres; aujourd'hui le moindre écolier ne craint point d'endoctriner le public, et s'expose avec une confiance incroyable aux affronts de la critique.

cherchait qu'à rallumer le feu des partis, a détruire toute espèce de confiance dans le Gouvernement, à opposer les opinions aux opinions, les intérêts aux intérêts, à troubler le présent, et à nous faire craindre pour l'avenir. La tâche n'a pas été difficile; il était aisé de repousser des sophismes, de combattre victorieusement des allégations sans preuves, et de faire triompher la vérité et la raison. M. Fiévée parle souvent des écrivains médiocres, et se range probablement parmi les bons écrivains, qui, pour me servir de son langage, *ont action* sur l'opinion publique. Cette prétention serait loin de m'étonner; la défiance de soi-même est la compagne du talent. Cet auteur annonce que *ses Correspondances sont traduites et retraduites dans toutes les langues de l'Europe.* J'en serais fâché pour l'Europe, si cela était vrai; il est cependant possible que le dernier ouvrage de M. Fiévée ait été traduit en anglais. S'il faut en croire certaines confidences, cet écrivain s'était chargé lui-même du soin de trouver et de payer un interprète. Ces sortes de traductions ne devraient inspirer que de la modestie.

Pendant que je laissais courir ma plume sur M. Fiévée, un grand événement a justifié mes opinions. Le Roi, usant de sa prérogative, a dissous la chambre des députés, et convoqué les colléges électoraux. Il a décidé, dans sa haute sagesse, qu'aucun article de la Charte ne serait soumis à la révision. Cette ordonnance est un nouveau bienfait du Monarque; elle rend le calme à la France, menacée de nouvelles agitations; elle anéantit des espérances séditieuses, et désarme les ennemis de la Constitution.

Il est toujours dangereux de toucher aux lois fondamentales de la société, surtout après de grands changemens politiques, lorsque les passions ne sont pas encore apaisées, et que le temps n'a pas suffisamment consolidé toutes les institutions et tous les intérêts. L'exemple des innovations est contagieux, et c'est principalement en politique que le mieux est l'ennemi du bien.

Aujourd'hui, tous les Français véritablement attachés au maintien de l'ordre et à la conservation de la royauté légitime, doivent se montrer avec confiance, et ne pas laisser le champ libre à l'intrigue et à l'esprit de parti. Jamais la composition de la chambre des députés n'avait été d'une aussi haute importance que dans les circonstances où le sort nous a placés. La plus grande affaire d'un membre des colléges électoraux est de se trouver à son poste, et de fixer son choix sur des hommes connus par leur amour pour le Roi et son auguste famille, par leur modération et par leur attachement à la Charte constitutionnelle. Nulle considération personnelle ne doit empêcher un électeur de remplir son devoir. Celui qui le négligerait resterait sans excuse aux yeux de ses concitoyens. Il faut que la nouvelle chambre des députés offre une réunion imposante de talens et de vertus.

Les choix sont moins difficiles aujourd'hui qu'à aucune autre époque. Depuis deux ans, tous les masques sont tombés, les opinions et les sentimens sont connus. Tout homme exagéré, de quelques motifs spécieux qu'il couvre son exagération, doit être écarté avec soin d'une assemblée appelée à faire disparaître jusqu'aux dernières traces des partis, et à opérer enfin cette réconciliation générale de tous les

Français, qui nous rendra, sous les auspices du meilleur des Rois, le rang que nous devons occuper dans l'estime et le respect des Nations.

Au premier signal des élections, il sort de Paris une foule d'intrigans qui se précipitent dans les provinces, et qui aspirent aux nobles fonctions de député, non pour servir la chose publique, mais pour satisfaire leur ambition et servir leurs intérêts particuliers. Ils sont habiles à dissimuler leurs sentimens et leurs espérances. On les croirait animés du plus ardent amour pour la royauté, tandis qu'ils ne sont dirigés que par l'égoïsme et la cupidité. De tels hommes doivent être rejetés avec courage. Ils ne servent qu'à troubler les assemblées et à égarer l'opinion. De bons propriétaires, qui ont des lumières, de la probité, et peu de prétentions, sont préférables à ces prétendus orateurs, qui sacrifieraient leur pays à un succès de tribune, et qui couvrent d'une abondance de paroles la stérilité de leurs idées.

Mais ces conseils sont inutiles. La France a entendu les invitations paternelles de son Roi, et la nouvelle chambre des députés, raffermissant, de concert avec lui, les institutions con-

stitutionnelles, soustraira les droits et les intérêts du peuple au danger des innovations. On
ne verra point dans son sein une *majorité per-*
manente en opposition avec le Gouvernement.
Chaque député votera selon sa conscience, et
non d'après des engagemens souvent témé-
raires, et toujours pernicieux. Cette chambre
ne cherchera point à étendre ses prérogatives
et à confondre les pouvoirs. Indépendante dans
ses opinions, respectueuse sans servilité, elle
regardera la Charte comme la propriété la plus
précieuse du peuple français. Elle veillera sur
ce dépôt sacré; et après avoir concouru à la
guérison des plaies de l'Etat, après avoir donné
l'exemple d'un patriotisme éclairé, ses membres
retourneront sans faste dans leurs foyers, heureux du bonheur de leur pays, de l'approbation du Roi et de l'estime des honnêtes
gens.

FIN.

TABLE DES MATIÈRES.

FIN DE LA TABLE.

DE L'IMPRIMERIE DE CRAPELET.

www.ingramcontent.com/pod-product-compliance
Ingram Content Group UK Ltd.
Pitfield, Milton Keynes, MK11 3LW, UK
UKHW022356090726
13658UKWH00002B/678